21世纪应用型本科会计系列规划教材

Qiye

Kuaiji Shixun Jiaocheng

企业会计实训教程

占慧莲 张梦梦 主编

东北财经大学出版社
Dongbei University of Finance & Economics Press

大连

图书在版编目（CIP）数据

企业会计实训教程/占慧莲，张梦梦主编. —大连：东北财经大学出版社，
2016.7（2017.7重印）

（21世纪应用型本科会计系列规划教材）

ISBN 978-7-5654-2299-7

Ⅰ．企… Ⅱ．①占…②张… Ⅲ．企业管理-会计-教材 Ⅳ．F275.2

中国版本图书馆CIP数据核字（2016）第092975号

东北财经大学出版社出版

（大连市黑石礁尖山街217号 邮政编码 116025）

教学支持：（0411）84710309

营 销 部：（0411）84710711

总 编 室：（0411）84710523

网 址：http：//www.dufep.cn

读者信箱：dufep@dufe.edu.cn

大连天骄彩色印刷有限公司印刷 东北财经大学出版社发行

幅面尺寸：185mm×260mm 字数：213千字 印张：13.25

2016年7月第1版 2017年7月第2次印刷

责任编辑：孙晓梅 孔利利 责任校对：贺 欣

封面设计：冀贵收 版式设计：钟福建

定价：28.00元

前　言

    会计实训教程处于实训教学体系的基础地位，实训教材的结构、内容直接影响实训教学的有序展开和实训教学目标的实现。为满足社会对会计人才专业适应能力的需求，我们基于新的经济环境和新的经济政策，采用从企业搜集来的最新的票据模板，组织编写了这本教材。

    为了提高学生会计技能操作水平和应用财务软件处理会计业务的能力，本教程以企业实际发生的业务为蓝本，设计了手工实训部分和财务软件实训部分；为提高学生的认知能力，在本教程的第一部分介绍了企业常设岗位职责及其常用单据；为保证实训资料的适用性，并能给学生操作予以适当的提示，我们在书后提供了参考答案，以力争保证教程的时效完整、全面适用、系统综合。

    本教程由张梦梦讲师负责编写实训岗位知识、手工实训部分和企业会计实训答案；由占慧莲教授负责全书的统撰、试用、润色和会计电算化实训部分的编写。九江学院会计学院第三届卓越会计师班的洪新和陈培在试用过程中，提出不少建议，在此表示感谢。

    由于水平有限，书中难免有错漏之处，恳请广大教师和学生在具体使用过程中给予批评指正，以便我们及时修订。我们的邮箱：1327610710@qq.com，谢谢。

编　者

目　录

第一章 | 实训岗位介绍

一、出纳岗位

（一）出纳岗位职责

出纳岗位主要负责货币资金的收、付款业务，现金保管，有价证券保管，定期与银行对账，到银行办理各种业务。

模拟实训需要了解出纳工作流程、出纳职责、工作交接等相关内容，熟悉与现金、银行存款收支业务有关的凭证，能够准确填制记账凭证，掌握现金与银行存款的序时与总分类核算，能够根据经审核无误的会计凭证逐笔登记"银行存款日记账"与"库存现金日记账"，做到日清日结或日清月结。

（二）出纳岗位常用单据

1.现金支票

支票是单位或个人签发的，委托办理支票存款业务的银行在见票时无条件支付确定的金额给收款人或者持票人的票据。

支票结算方式适用于单位和个人在同一票据交换区域的各种款项结算。凡在银行开立账户的单位和个人经开户银行同意，均可以使用支票。支票上印有"现金"字样的为现金支票，现金支票只能用于支取现金。

现金支票的有效期限为10天。有效期从签发的次日算起，到期日遇节假日顺延。过期支票银行不予受理，支票自动作废。签发人必须在银行账户内向收款人签发支票。不准签发空头支票或印章与银行预留印鉴不符的支票。

2.转账支票

转账支票既可以用于转账，又可以用于支取现金。转账支票的有效期限为10天。有效期从签发的次日算起，到期日遇节假日顺延。过期支票银行不予受理，支票自动作废。签发人必须在银行账户内向收款人签发支票。不准签发空头支票或印章与银行预留印鉴不符的支票，否则，银行除退票外，还要按票面金额处以5%但不低于1 000元的罚款。持票人有权要求出票人赔偿支票金额2%的赔偿金。

3.信汇

汇兑结算方式适用于异地之间单位或个人的各种款项结算，其具有划拨款项简单、灵活的特点。汇兑按划款不同分为信汇和电汇两种，由汇款人根据需要选择使用。

信汇，是指汇款人委托银行通过邮寄方式将款项支付给收款人。采用信汇的方式，出纳员应填制信汇凭证。信汇凭证一式四联：第一联为回单，是汇出行受理信汇凭证后给汇款人的回单；第二联为支款凭证，由汇出行作为付出凭证（借方凭证）；第三联为收款凭证，是汇入行将款项转入收款人账户后的贷方凭证；第四联为收款通知或取款收据，是收款人的收款通知，或让收款人凭以领取款项的取款收据。

4.电汇

电汇，是指汇款人委托银行通过电报将款项划给收款人。采用电汇方式，出纳员应填制电汇凭证。电汇凭证一式三联：第一联为回单，是汇出行给汇款人的回单；第二联为支款凭证，由汇出银行作付出传票（借方凭证）；第三联为汇款依据，由汇出银行凭以拍发电报。

汇兑结算没有起点的限制，即不论金额多少都可以办理信汇和电汇结算。

5.银行进账单

银行进账单是持票人或收款人将票据款项存入收款人银行账户的凭证，也是银行将票据款项记入收款人账户的凭证。

银行进账单一般为三联式，持票人应按照规定使用进账单。第一联是给出票人的回单，第二联是银行留存记账的贷方凭证，第三联是给持票人的收账通知。持票人填写银行进账单时，必须清楚填写票据种类、票据张数、收款人名称、收款人开户银行及账号、付款人名称、付款人开户银行及账号、票据金额等栏目，并连同相关票据一并交给银行经办人员。

进账单可以与支票配套使用，即一张进账单既可以填写一张支票，又可以填写多张支票（不超过4笔）。汇总金额后填写一张进账单，即允许办理一收多付。进账单上收款人名称、账号、金额等内容应据实填列，不得涂改。

6.现金存款凭证

现金存款凭证是企业将现金存入银行账户的书面证明。现金存款凭证一式二联：第一联为回单联，银行办妥入账手续签章后交还企业记账用；第二联为贷方凭证，银行留存记账。填写时要写清收款人的全称、账号及开户行，同时要注明款项来源，在现金张数一栏，要将现金按不同券别的张（枚）数、金额填写清楚，与总金额核对一致。银行工作人员核实并取现金后，在凭证上盖章并将回单联退还缴款人。

7.银行存款余额调节表

银行存款余额调节表，是在银行对账单余额与企业账面余额的基础上，各自加上对方已收、本单位未收账项数额，减去对方单位已付、本单位未付账项数额，以调整双方余额使其一致的一种调节方法。

即使企业记账和银行记账都没有错误，银行日记账的余额和银行对账单的余额也往往不一致。这种不一致是由于存在未达账项而形成的。如果银行存款余额调节表的结果显示双方账目余额相等，一般说明双方记账没有差错。如果调节后双方账目余额不相符，则说明账簿记录有差错，出纳员应进一步查明原因，予以更正。但在收、付款的原始凭证尚未送达之前，出纳不必调整银行存款日记账的账面记录。

8.库存现金盘点表

若库存现金实有数比"库存现金日记账"余额溢余，即发生了长款；若库存现金实有数比"库存现金日记账"短缺，即发生了短款。出纳员在确认了长、短款后，应填制"库存现金盘点表"。它是反映库存现金实有数和调整账簿记录的重要原始凭证。

如果清查盘点的实际库存现金与账面余额不相符，应查明原因，并做出妥善处理。

在未查明原因之前，首先要调整现金账面记录。若出现现金长款，应借记"库存现金"账户，贷记"其他应付款——现金长款"账户。若出现现金短款，应借记"其他应收款——现金短款"账户，贷记"库存现金"账户。待查明原因后，再作相应的账务处理。

二、记账员岗位

（一）记账员岗位职责

记账员主要职责包括按照国家统一会计制度的规定和本单位会计业务的需要设置会计账簿、选择账簿样式；按规定启用会计账簿，办理账簿管理、使用的有关事宜；根据审核无误的会计凭证和登记账簿的基本要求登记会计账簿；实行会计电算化，使用计算机打印的会计账簿必须连续编号，经审核无误后装订成册，并由记账人员和会计机构负责人、会计主管人员签字或盖章；账簿记录发生错误，必须按照规定的方法进行更正，不准涂改、挖补、乱擦或者用药水消除字迹，不准重新抄写；按照规定定期结账，遵守记账、结账规范，进行账簿间的核对，做到账证、账账相符；按规定经允许提供会计账簿资料。

通过实训，本岗位需要了解记账员岗位的内容与职责，了解总账、明细账的类型，掌握明细账与总账的登记方法，掌握记账规则。能够根据审核无误的会计凭证准确进行登账，并能熟练掌握对账、结账的记账操作流程。

记账员在一个企业的会计部门占有一定的位置，有的企业单设记账员，有的企业将记账工作由各岗位会计完成。各单位根据本单位实际情况自行设定各核算岗位。

（二）记账员岗位常用单据

1.账本面

该单据是账簿面壳，是订在账页外面为保护、包围里面纸张的，一般质地较厚，左侧有螺丝与后面壳以及中间的账页纸一起固定起来。其上面壳上可以写明该公司名称、账本类型，以及所属年度等。

2.账簿启用表

账簿启用表是在启用该账簿时需要填写的一些相关信息。在账簿启用表中，应写明单位名称、账簿名称、账簿编号和启用日期；在经管人员一栏中写明经管人员姓名、职别、接管或移交日期，由会计主管人员签名盖章，并加盖单位公章。

3.目录

目录是为了方便查账而设的有关各个科目所在的账本位置。

4.三栏式账簿

三栏式明细分类账是设有借方、贷方和余额三个栏目，用以分类核算各项经济业务，提供详细核算资料的账簿。其格式与三栏式总账格式相同，适用于只进行金额核算的账户，设有"借、贷、余"三个基本栏次，但一般不设置反映对应科目的栏次。三栏式明细分类账由会计人员根据审核无误的记账凭证或原始凭证，按经济业务发生的时间先后顺序逐日、逐笔进行登记。

三栏式账适用于只需要进行金额核算，不需要进行数量核算的结算类科目的明细分类核算，如对"应收账款"账户、"应收票据"账户、"预收账款"账户、"应付账款"账户、"预付账款"账户等总账科目的明细分类核算，就可采用三栏式明细账进行。

其次，库存现金日记账和银行存款日记账可以采用三栏式和多栏式，但一般采用都是三栏式，除此之外，还有总账账户采用的也是三栏式账页。

账页内容一般包括登记年月日、经济业务摘要、借方金额、贷方金额、余额、总页数、分页数以及子目等，需要按要求填写。

5. 多栏式明细分类账

多栏式账簿是在账簿的两个基本栏目借方和贷方按需要分设若干栏的账簿。收入、费用明细账一般均采用这种格式的账簿。

多栏式明细分类账是由会计人员根据审核无误的记账凭证或原始凭证逐笔登记的，是将属于同一个总账科目的各个明细科目合并在一张账页上进行登记。多栏式明细账适用于那些要求对金额进行分析的有关费用成本、收入成果类科目的明细分类核算，如对"主营业务收入"账户、"管理费用"账户、"营业费用"账户、"生产成本"账户等总账科目的明细核算，可采用多栏式。

借方多栏式明细分类账的账页格式适用于借方需要设多个明细科目或明细项目的账户，如"生产成本"账户、"制造费用"账户、"管理费用"账户、"销售费用"账户和"营业外支出"账户等科目的明细分类核算。

贷方多栏式明细分类账的账页格式适用于贷方需要设多个明细科目或明细项目的账户，如"主营业务收入"账户和"营业外收入"账户等科目的明细分类核算。

借方贷方多栏式明细分类账的账页格式适用于借、贷方均需要设多个明细科目或明细项目的账户，如"本年利润"账户的明细分类核算。

6. 数量金额式明细分类账

数量金额式明细分类账其借方（收入）、贷方（发出）和余额（结存）都分别设有数量、单价和金额三个专栏。数量金额式明细账适用于既要进行金额核算，又要进行数量核算的各种财产物资类科目的明细分类核算，如对"材料采购"账户、"原材料"账户、"周转材料"账户、"库存商品"账户等总账科目的明细分类核算，可采用数量金额式明细账。数量金额式明细分类账由会计人员根据审核无误的记账凭证或原始凭证，按经济业务发生的时间先后顺序逐日、逐笔进行登记。

三、成本费用岗位

（一）成本费用岗位职责

成本费用岗位需要根据国家发布的《企业财务通则》《企业会计准则》以及本行业的财务制度和会计制度的有关规定，结合本单位生产经营的特点和管理需要，为拟定本单位的成本、费用核算办法提供资料；根据单位生产经营、事业发展计划和降低成本、费用的任务，将其制表分解，层层落实，建立责任成本体系，直至成本、费用核算办法的实现；积极会同有关部门，建立健全各项原始记录、定额管理和计量检验等制度，为正确计划成本、费用，加强成本、费用管理提供可靠依据；认真贯彻真实性原则，对企业、事业单位在营运过程中发生的费用，正确进行分类、审核、记录、归集和分配；认真贯彻本行业的财务制度和成本、费用核算有关规定，正确掌握成本、费用开支范围和开支标准；认真进行成本、费用开支的审核，严格成本、费用控制，促进生产节约、增收节支，提高企业事业单位的经济效益；定期进行成本、费用核算工作的检查，发现问题及时上报有关领导，并协助解决；保管好各种会计凭证、账簿、报表及有关资料，防止丢失或损坏，按期装订，定期归档。

本岗位需要熟练掌握材料费用、工资福利费用、外购动力费用的归集与分配，制造费用的归集与分配，辅助生产费用的归集和分配，能准确进行各项费用的账务处理，编制产品成本计算单并登记生产成本明细账。

（二）成本费用岗位常用单据

1.出库单

销售产成品等存货时需要填写出库单。出库单反映存货销售的出库情况，管理存货的出货数量，核算存货的出库成本。

营业部门到仓库提货时，首先需要填写要货通知单，并需经主管部门签字盖章；当仓库保管员接到营业部门的要货通知单时，需进行审核，审核完毕后填制出库单，并备齐商品。出库单一式三联（也有一式四联）：第一联为存根联（黑色），留保管备查；第二联为记账联（红色），留会计部门作为出库材料核算依据；第三联为回执联（绿色），对方作为出库材料依据。

2.发料汇总表

发料汇总表属于汇总原始凭证，是材料会计根据各部门到仓库领用材料时填制的领料单，按会计核算需要进行整理、归类，按旬（或月）汇总，每月编制一份，送交会计部门做账务处理。发料汇总表既可以提供经营管理的总量指标，又可以用来统计各种发料情况，进行产品成本核算，发料汇总表与领料凭证汇总表有很多相似的地方，只是侧重点不同。发料汇总表主要是反映每月发出各种材料的合计数，而领料凭证汇总表反映各个领料部门领取的材料情况合计。

3.领料单

领料单是自制原始凭证。为了便于凭证整理和分类汇总，领料单要"一料一单"地填制，即一种原材料填写一张单据。领用原材料需经部门负责人批准后，方可填制，领料、发料、保管人均需在领料单中签字，无签章或不全的均属无效，不能作为记账的依据。

领料单的填制手续是在经济业务发生或完成时，由经办人填制的，一般只反映一项经济业务，或者同时反映若干项同类性质的经济业务，如企业、车间或部门从仓库中领用各种材料，都应履行出库手续。

领料单一式三联：第一联为存根联，留领料部门备查；第二联为记账联，转会计部门或月末经汇总后转会计部门据以进行总分类核算；第三联为回执联，留仓库据以登记材料物资明细账和材料卡片。

4.领料凭证汇总表

汇总原始凭证是指在会计核算工作中，为简化记账凭证的编制工作，将一定时期内若干份记录同类经济业务的原始凭证加以汇总，用以反映某项经济业务总括发生情况的会计凭证。汇总原始凭证是有关责任者根据经济管理的需要定期编制的，编制汇总凭证的主要目的是简化和减少记账凭证、简化核算手续、提高核算工作效率、使核算工作更为系统化与条理化。

领料汇总表属于汇总原始凭证，是材料会计以各领料部门为对象，根据各部门到仓库领用材料时填制的领料单，按月（或旬）汇总各部门领用材料的情况，送交会计部门做账务处理。领料凭证汇总表与发料汇总表有很多相似的地方，只是侧重点不同，领料汇总表按领料部门划分，反映各个材料部门领取的材料情况，而发料汇总表主要是按材料的类别划分，反映每月各类材料的发出情况。

四、材料会计岗位

（一）材料会计岗位职责

材料会计岗位要求熟悉并掌握有关财务会计法规，会同有关部门制定本单位的材料核算与管理办法；确定合理的材料存货定额，掌握材料动态；做好材料储备控制；筹措采购资金，审核采购用款计划；搞好材料的日常核算和管理工作；负责做好材料的稽核工作；负责材料销售业务核算，按时缴纳税金；搞好委托加工材料的审核和管理工作；参与材料的清查盘点工作。

本岗位通过实训需要掌握材料入账价值的确定，材料按实际成本和计划成本核算的收、发、结存的核算流程，材料发出采用的各种计价方法的核算程序，月末盘点材料的处理方式以及低值易耗品的取得、摊销。

（二）材料会计岗位常用单据

1.出库单（同成本费用岗位）

2.入库单

购进商品、材料、产成品入库时需要填入库单。物品运达后，由采购部验收人员检查数量和搬运毁损情况并进行质检，填写入库单，仓库负责人审核确认数量。

入库单一式三联：第一联为存根联（黑色），仓库留存；第二联为入库联（红色），交给采购部门备查；第三联为记账联（绿色），交给会计审核入账。

3.领料单（同成本费用岗）

4.收料单

收料单是企业购进材料验收入库时，由仓库保管人员根据购入材料的实际验收情况填制的一次性原始凭证。企业外购材料，都应履行入库手续，由仓库保管人员根据供应单位开来的发票账单，严格审核，对运达入库的材料认真计量，并按实收数量认真填制收料单。

收料单一式三联：第一联留仓库（黑色），据以登记材料物资明细账和材料卡片；第二联为记账联（红色），随发票账单到会计处报账；第三联交采购人员存查（绿色）。

5.存货盘点报告表

存货盘点包括原料、物料、在制品、产成品、下脚料的盘点。存货原则上采用全面盘点，如因成本计算方式无须全面盘点，或实施上有困难者，应呈报总经理后方可改变盘点方式。盘点一般流程如下：

（1）仓库物资管理部门（仓库主管）下发仓库物资盘点通知，并做好盘点准备工作；

（2）财务人员和仓管员对需盘点的存货进行账面确认，必须在账账相符的前提下才能盘点；

（3）盘点时，仓管人员和财务人员应当独立记录，经核对双方记录数一致后，才能确认为盘点数；

（4）盘点结束后，应当整理盘点资料（即盘点表），并由参与盘点的人员在盘点表上签字确认，同时上报属地行政负责人签字确认；

（5）仓库物资管理部门根据有关惩处制度对盘点结果出现的盘盈或盘亏提出处理意见，并按《财务审核审批管理制度》规定流程上报审批；

（6）财务人员和仓管人员对盘点结果出现的盘盈或盘亏进行账务处理（调整），仓管人员的账务处理应当在财务人员的指导下进行；

（7）财务部应根据"盘存表"编制"存货盘点报告表"。

存货盘点报告表一式三联：第一联送经管部，填列差异的原因说明及对策；第二联转送总经理室签核；第三联自存财务部作为账面调整的依据。

6.增值税专用发票

增值税专用发票是由国家税务总局监制设计印制的，只限于增值税一般纳税人领购使用的，即作为纳税人反映经济活动中的重要会计凭证兼记销货方纳税义务和购货方进项税额的合法证明，是增值税计算和管理中重要的、合法的专用发票。

按照国家税务总局的规定，从2003年8月1日起，所有增值税一般纳税人如果需要使用增值税专用发票，必须使用防伪税控系统开具的增值税专用发票。因此，增值税专用发票使用对象只能是安装了防伪税控系统的增值税一般纳税人。

增值税专用发票可以认证进行税额抵扣。增值税专用发票基本联次为三联：第一联为记账联，销售方用作记账凭证；第二联为抵扣联，购货方作为扣税凭证；第三联为发票联，购货方作为记账凭证。

五、往来业务岗位

（一）往来业务岗位职责

（1）按照国家有关制度规定，负责对购销收支以外的应收应付、暂收暂付往来款项等建立必要的管理制度；

（2）企业、事业单位应做好往来款项的明细核算，正确使用会计科目，按规定设置必要的明细账，做到记账清楚，余额准确，账表相符，并按规定编报季、年度的债权、债务方面的报表；

（3）企业、事业单位应定期进行其他应收款、其他应付款等账款的清查核对，在年末编制报表前，要普遍进行清查，编制清查报告，发现问题，查明原因，并针对问题和原因，提出加强往来款项管理的建议和措施；

（4）会计准则规定，允许企业提取坏账准备，企业对应收款项可以按规定方法和比例计提坏账准备，处理相关账务。事业单位也要按规定及时处理坏账，并采取措施避免、减少坏账损失。

通过实训本岗位需要熟悉企业往来结算业务的核算程序与方法，往来业务核算的总账和明细账的登记与核对，以及坏账的计提、发生坏账的确认和进行账务处理的方法。企业往来业务涉及"应收账款""应付账款""应收票据""应付票据""其他应收款"和"其他应付款"等账户，是会计核算业务中核算量大、要求高的一个会计核算岗位。

（二）往来业务岗位常用单据

1.商业承兑汇票

商业承兑汇票是由出票人签发的，由银行以外的付款人承兑，委托付款人在指定日期无条件支付确定的金额给收款人或者是持票人的票据。

商业承兑汇票的出票人，为在银行开立存款账户的法人以及其他组织，与付款人具有真实的委托付款关系，具有支付汇票的可靠资金来源，且必须具有真实的交易关系或债权、债务关系，才能使用商业承兑汇票。

商业汇票承兑期限，由交易双方商定，最长不得超过6个月。如果分期付款，应一次签发若干张不同期限的商业汇票。商业汇票到期后，一律通过银行办理转账结算，银行不支付现金。其提示付款期限为自汇票到期日起10日内。

商业承兑汇票由收款人签发后交付款人承兑或由付款人签发并承兑。商业承兑汇票一式三联：第一联为卡片联，第二联为汇票联，第三联为存根联。付款人在商业承兑汇票第二联正面上签署"承兑"字样，填写承兑日期并加盖银行预留印鉴后，将汇票交收款人收执，第一、三联由付款人留存备查。

2.转账支票（同出纳岗位）

3.差旅费报销单

差旅费报销单，是员工出差回来报销费用的单据，属于单位内部自制原始凭证。

差旅费报销单要求使用人要按规范填写，内容要逐项填写齐全，不得遗漏和省略，手续要完备，各相关责任人要审核签字或盖章。此单由会计部门留存，据以登记部门费用开支，是记账依据。

4.坏账准备计提表

坏账准备计提表，是企业在计提坏账准备时用于计算应计提的坏账准备的自制计算表。它一般包括五部分：应收账款余额、计提比率、应提额、账面已提和实际计提额。

5.货物运输业增值税专用发票

货物运输业增值税专用发票是对准予计算增值税进项税额扣除的货运发票。

运输业统一发票已经纳入税控装置开票。第一联为记账联，是开票单位用来做账的依据；第二联为抵扣联，是给收货单位抵扣用的凭据；第三联为发票联，是给收货单位的有效凭据。

6.托收凭证

托收凭证是开户单位用于办理托收承付和委托收款时使用的凭证。结算款项划回方式，分邮划和电划两种，由收款人选用。

托收承付是根据购销合同由收款人发货后委托银行向异地付款人收取款项，由付款人向银行承认付款的结算方式。使用托收承付结算方式的收款单位和付款单位，必须是国有企业、供销合作社以及经营管理较好，并经开户银行审查同意的城乡集体所有制工业企业。办理托收承付的结算款项，必须是商品交易，以及因商品交易而产生的劳务供应的款项。收付双方使用托收承付结算必须签有符合《经济合同法》的购销合同，并在合同上订明使用托收承付结算方式。收款人办理托收，必须具有商品确已发运的证件。

委托收款是收款人委托银行向付款人收取款项的结算方式。单位和个人凭已承兑商业汇票、债券、存单等付款人债务证明办理款项的结算，均可以使用委托收款结算方式。委托收款在同城、异地均可以使用，具体程序是：

（1）收款人填写托收凭证一式五联，连同相关单据送交开户银行。

（2）开户银行审查无误后，将第一联受理回单加盖业务公章后退给收款人；第二联收款人开户银行作贷方凭证留存，须盖收款单位财务专用章和法人章；第三联付款人开户银行作借方凭证加盖结算专用章，将第三联至第五联寄交付款人开户行。

（3）付款人同意付款或付款期满，付款人开户行根据第三联借方凭证作付款处理，将第四联寄交收款人开户行或根据第四联发送电子报文至收款人开户行。

（4）收款人开户行收到第四联或电子报文后，根据第二联贷方凭证予以入账。

（5）收款人开户行将第四联收款通知交给收款人。

7.增值税普通发票

增值税普通发票，是将除商业零售以外的增值税一般纳税人纳入增值税防伪税控系统开具和管理，也就是说一般纳税人可以使用同一套增值税防伪税控系统开具增值税专用发票、增值税普通发票等，俗称"一机多票"。

增值税普通发票是不可以认证进行进项税额抵扣的，在开具时，增值税普通发票只需填写购货人名称就可以了。增值税普通发票基本联次为两联：第一联为记账联，销售方用作记账凭证；第二联为发票联，购买方用作记账凭证。

六、固定资产岗位

（一）固定资产岗位职责

固定资产岗位需要会同有关部门拟定固定资产管理制度与核算办法；组织本单位固定资产核算；协助有关部门加强固定资产管理，定期与其对账，使账账相符；负责固定资产的明细核算；加强对固定资产折旧与修理的管理与核算，确保固定资产的安全与完整；会同有关部门定期对固定资产进行盘点，确保固定资产账实相符；定期组织分析固定资产的使用效果。

本岗位实训要求明确固定资产增加、减少的明细分类核算和折旧计提的核算方法。掌握不同方式固定资产增加、减少的会计处理；采用不同方法计提固定资产折旧及其相应的账务处理。能够熟练审核原始凭证并根据审核无误的原始凭证填制记账凭证，并能登记固定资产明细账。固定资产在企业资产中占很大比例，作为一种劳动资料，其核算也是非常重要的。在大中型企业中，固定资产核算一般也单独设固定资产会计岗位，单独进行固定资产核算，以维护固定资产的安全与完整。

（二）固定资产岗位常用单据

1.固定资产验收单

企业通过外购、自建、接受投资或捐赠等方式增加固定资产时，当新增固定资产收到后，需由资产管理部门、财务部门等相关部门共同验收，以便入账，加强企业的固定资产管理，在验收过程中需填写固定资产验收单。

固定资产验收清单一般一式三份，在其中应写明固定资产的名称、规格型号、金额、供货厂商，并同时对固定资产进行编号。一份由使用部门留存，一份交财务部门进行相应账务处理，一份交资产管理部门填写固定资产卡片。

2.固定资产报废单

固定资产报废单是公司内部根据实际报废的固定资产填写的内部单据，无固定格式，按项目内容填写。一般情况下该单据一式三联：一联送清理执行部门，一联送会计部门核算，一联使用部门自存。固定资产报废时，应由固定资产使用部门或保管部门填制固定资产报废单，经批准后对该固定资产进行报废清理。固定资产的报废包括以下情况：固定资产已达到使用期限，并经确定已失去使用功能；固定资产未达到使用期限，但因技术进步已列入同类产品淘汰范围；固定资产由于自然灾害、不可抗力等原因以致毁损而无法修复；固定资产因被盗而无法找回等。

3.固定资产盘盈盘亏报告表

为保证固定资产的安全、完整以及固定资产核算的真实性，做到账实相符，企业应当定期对固定资产进行清查或抽查。每年编制财务报告前，应当对固定资产进行全面清查。对清查中盘盈、盘亏的固定资产，应当查明原因，编制"固定资产盘盈盘亏报告表"，报经主管部门等机构审批，在期末结账前处理完毕。固定资产盘亏是指在固定资产清查时发现的，固定资产盘点实物少于账面应有数的情况。对盘亏的固定资产，必须查明原因，并在报告表内填列固定资产编号、名称、型号、数量、原值、已提折旧、短缺毁损原因等，按照规定上报。经批准进行账务处理后，将"固定资产卡片"注销，连同"固定资产盘盈盘亏报告单"一并归档保管。固定资产盘盈是指在固定资产清查时发现的，固定资产盘点实物多于账面应有数的情况。对盘盈的固定资产，要查明原因，并在报告表内填列固定资产编号、名称、型号、数量、原值、已提折旧、盘盈原因等，按照规定上报。对于管理规范的企业而言，在清查中发现盘盈的固定资产是比较少见的，也是不正常的，并且固定资产是一种单位价值较高、使用期限较长的有形资产，固定资产盘盈会影响财务报表使用者对企业以前年度财务状况、经营成果和现金流量的判断。

4.固定资产折旧计算表

固定资产折旧计算表，用于计算固定资产本期应计提的折旧额，反映企业固定资产折旧计提的具体情况，其内容可包括各项固定资产的本期计提折旧、原值以及计提折旧情况等。固定资产折旧计算明细表是企业内部使用表格，没有固定的模式。有的企业固定资产数量繁多，因而对固定资产分类别设置折旧计算明细表；有的企业固定资产数量较少，则针对每项固定资产分别统计折旧情况。

5.固定资产投资转移单

固定资产投资转移单，是当土地、房屋及建筑物、运输设备、其他设备等固定资产发生调拨转移情况时所需填制的单据，用以记录固定资产转移的具体情况，其内容主要包括固定资产的名称、数量、转移原因、已计提折旧情况、转出单位、转入单位等。固定资产转移单一般一式四联，会同管理部门签章后，送移入部门签字确认（管理部门不同时，要加印一联，移入管理部门同时签字确认）。第一联送管理部门（管理部门不同时，影印联送移入管理部门转记入"固定资产登记卡"），第二联送会计部门，第三联送移入部门，第四联送移出部门。固定资产转移单可适用于企业范围内固定资产的闲置、封存及不同部门间的调配；也适用于企业与企业之间的固定资产置换。

七、工资核算岗位

（一）工资核算岗位职责

工资核算员必须根据公司批准的报酬分配方案，负责审定各类员工的薪资标准和奖金发动标准；负责定期或不定期的全公司工资调整工作，以及因试用、转正、转岗、升降职、退休和奖励带来的个别员工工资变动；负责员工考勤、调休、请假、加班管理与统计，按考核规定具体审定各部门职工月工资、季度、年度奖金和津贴的发放；根据国家有关法规和政策，审定劳保、医疗、养老、失业和福利等项目和支出水平，为各有关人员办理相应的手续；按照会计准则规定，设置"应付职工薪酬"账户，对职工薪酬的计提（分配）和结算进行明细核算，并及时编制有关报表；在财务负责人指导下，编制年度职工薪酬计划，并定期对计划执行情况进行分析。

本岗位实训要求了解工资总额的构成，计时工资与计件工资的计算，掌握应付工资与实发工资的计算，掌握工资核算的程序和方法；掌握工资结算表、工资分配表编制；掌握工会经费、职工教育经费的计提与使用的账务处理；掌握工资提取、发放、代扣款项的账务处理。

（二）工资核算岗位常用单据

1.工资表

在实际工作中，企业发放职工工资、办理工资结算是通过编制"工资结算表"来进行的。工资结算表又称工资表，是按车间、部门编制的，每月一张。

工资表属于单位内部单据，没有固定格式。

2.工资分配表

工资分配表是企业在月末汇总工资的基础上，按受益对象，将其分配计入成本费用。例如，采用计时工资形式支付的工资，如果某生产车间只生产一种产品，不需要分配；如果生产多种产品，则需要采用适当的分配方法，在各种产品之间进行分配。工资分配表每个企业的形式都不一样，属于企业内部单据，无固定格式。

3.工资结算汇总表

工资结算汇总表由财会部门或劳动工资部门，根据审核无误的各部门的工资单进行汇总。审核"工资单"各部门的人数与基本工资是否真实，可同劳动人事部门掌握的资料进行核对；审核"工资单"应付工资总额和实发金额是计算是否准确；审核"工资结算汇总表"各栏汇总表金额是否准确，纵栏"实发金额"相加之和，是否等于横栏"合计"计算的"实发金额"。本表单为单联式，由财会人员根据工资单汇总填制，作为工资支出账户处理的附件。

4.工资费用分配汇总表

工资费用分配汇总表为单联式企业内部自制凭证，使用时由财会人员根据工资结算汇总表和工资结算计算单填制，作为企业成本计算和账务处理的依据。

5.工会经费、职工教育经费计提表

工会经费、职工教育经费计提表为单联式自制原始凭证，是财会人员根据"工资结算汇总表"计算填制，作为提取工会经费、职工教育经费账务处理的原始凭证。计提基数为

工资总额，比例分别为2%和2.5%（会随工资政策发生变动）。

八、财务成果岗位

（一）财务成果岗位职责

岗位职责主要包括熟悉并掌握有关利润方面的制度规定，如实反映企业利润的形成分配情况；根据企业目标利润和本单位的销售计划、成本计划，事业单位发展目标和收支计划等资料，按年、按季、按月编制利润、受益计划，并落实到有关部门，经常督促检查，保证利润、收益指标的实现；办理销售、收入款项和结算业务；货款收回、收入收讫，按规定及时、正确填制记账凭证，并进行账务处理；负责销售和利润、收益的明细核算；及时清理收回销售货款和应收收入，对长期拖欠货款、收入造成的坏账损失，应按有关规定进行坏账损失的账务处理；编制利润表、利润和收益分配表，进行利润、收益的分析和考核；协助有关部门对产品成本进行盘点。

本岗位要求了解财务成果会计岗位的职责，了解企业销售的内容和利润的构成，明确收入与费用的配比关系，掌握收入的确认、费用的计量，掌握销售明细账的设置与登记及销售收入、销售成本的账务处理，掌握利润的计算和利润分配的核算程序和方法。

（二）财务成果岗位常用单据

1.坏账准备计提表（同往来岗位）

2.所得税费用计提单

所得税费用计提单是企业在根据息税前利润乘以企业对应的所得税税率得出所得税而自制的一种计算表。它一般包括五部分：总利润、纳税调整、应纳税所得额、所得税税率、应交所得税额。

3.提取盈余公积明细表

提取盈余公积明细表是企业在根据净利润乘以企业相对应的提取百分比得出相应提取数而自制的一种计算表。它包括本年利润、提取百分比、提取数三部分。

九、资本金核算岗位

（一）资本金核算岗位职责

资本金核算岗位职责包括资金的取得渠道、投资者投入货币资金及实物、无形资产等的业务核算；从银行借入借款并预提利息、归还本息的核算。

本岗位主要了解其自身职责，掌握企业资金取得的渠道及相关业务核算，通过实操掌握资本资金核算岗位关于投资者投入货币资金、实物资产、无形资产等的实务操作流程。

（二）资本金核算岗位常用单据

资本金核算岗位主要有"收据""进账单""固定资产投资入账单""收料单"等原始单据，详见其他岗位。

十、财务报告岗位

（一）财务报告岗位职责

财务报告岗需要按照国家统一会计制度规定定期编制财务报告。对外报送的财务报告应当根据国家统一会计制度规定的格式和要求编制；会计报表应当根据登记完整、核对无误的会计账簿记录和其他有关资料编制，做到数字真实、计算准确、内容完整、说明清楚，会计报表之间、会计报表各项之间，凡有对应关系之间的数据应当相互一致，本期会计报表与上期会计报表之间有关的数字应当衔接。做到账表相符，表表相符；按照国家统一会计制度的规定认真编写会计报表附注及其说明，做到项目齐全、内容完整。

本岗位通过实训要求了解报表岗位的职责，了解会计报表的种类，明确编制资产负债表、利润表的理论依据，熟悉资产负债表、利润表的基本结构和填制资料来源，掌握对外报送会计报表的程序、要求和方法，掌握会计报表的简要分析方法。

（二）财务报告岗位常用单据

1.资产负债表

资产负债表亦称财务状况表，表示企业在一定日期（通常为各会计期末）的财务状况（即资产、负债和业主权益的状况）的主要会计报表。资产负债表利用会计平衡原则，将合乎会计原则的资产、负债、所有者权益"交易科目分为"资产"和"负债及所有者权益"两大区块，在经过分录、过账、分类账、总账、试算、调整等等会计程序后，以特定日期的静态企业情况为基准，浓缩成一张报表。其报表可让所有阅读者于最短时间了解企业经营状况，包含资产、负债和所有者权益三部分。

（1）资产：按流动性大小不同，分为流动资产和非流动资产两类。流动资产类由货币资金、交易性金融资产、应收账款、预付账款、其他应收款、存货和待摊费用等项目组成；非流动资产类由持有至到期投资、可供出售金融资产、长期股权投资、固定资产、无形资产和长期待摊费用等项目组成。

（2）负债：按流动性不同，分为流动负债和非流动负债两类。流动负债类由短期借款、应付账款、预收账款、应付职工薪酬、应交税费、应付股利、其他应付款、预提费用等项目组成。非流动负债类由长期借款和应付债券组成。

（3）所有者权益：按所有者权益的来源不同，由实收资本、资本公积、盈余公积和未分配利润等项目组成。

2.利润表

利润表主要提供有关企业经营成果方面的信息。利润表是反映企业在一定会计期间经营成果的报表，所以又称为动态报表。有时，利润表也称为损益表、收益表。通常，利润表主要反映以下几方面的内容：

（1）构成主营业务利润的各项要素。从主营业务收入出发，减去为取得主营业务收入而发生的相关费用、税金后得出主营业务利润。

（2）构成营业利润的各项要素。营业利润在主营业务利润的基础上，加其他业务利润，减销售费用、管理费用、财务费用后得出。

（3）构成利润总额（或亏损总额）的各项要素。利润总额（或亏损总额）在营业利润的基础上加（减）投资收益（损失）、补贴收入、营业外收支后得出。

（4）构成净利润（或净亏损）的各项要素。净利润（或净亏损）在利润总额（或亏损总额）的基础上，减去本期计入损益的所得税费用后得出。

在利润表中，企业通常将各项收入、费用以及构成利润的各个项目分类、分项列示。也就是说收入按其重要性进行列示，主要包括主营业务收入、其他业务收入、投资收益、补贴收入、营业外收入；费用按其性质进行列示主要包括主营业务成本、主营业务税金及附加、营业费用、管理费用、财务费用、其他业务支出、营业外支出、所得税等；利润按营业利润、利润总额和净利润等利润的构成分类分项列示。

3.现金流量表

现金流量表是财务报表的三个基本报告之一，又称账务状况变动表，所表达的是在一个固定期间内，企业现金及其现金等价物的增减变动情形。通过现金流量表，可以概括反映经营活动、投资活动和筹资活动对企业现金流入、流出的影响，对于评价企业的实现利润、财务状况及财务管理，要比传统的利润表提供更好的基础。

现金流量表，是指反映企业在一定会计期间的现金和现金等价物流入和流出的报表。现金，是指企业库存现金以及可以随时用于支付的存款。现金等价物，是指企业持有的期限短、流动性强、易于转换为已知金额现金、价值变动风险很小的投资。企业的现金流量主要来源于企业的经营活动、投资活动和筹资活动。

（1）经营活动，是指企业投资活动和筹资活动以外的所有交易和事项。经营活动产生的现金流量至少应当单独列示反映的项目包括：销售商品、提供劳务收到的现金；收到的税费返还；收到其他与经营活动有关的现金；购买商品、接受劳务支付的现金；支付给职工以及为职工支付的现金；支付的各项税费；支付其他与经营活动有关的现金。

（2）投资活动，是指企业长期资产的购建和不包括在现金等价物范围的投资及其处置活动。投资活动产生的现金流量至少应当单独列示反映的项目包括：收回投资收到的现金；取得投资收益收到的现金；处置固定资产、无形资产和其他长期资产收回的现金净额；处置子公司及其他营业单位收到的现金净额；收到其他与投资活动有关的现金；购建固定资产、无形资产和其他长期资产支付的现金；投资支付的现金；取得子公司及其他营业单位支付的现金净额；支付其他与投资活动有关的现金。

（3）筹资活动是指导致企业资本及债务规模和构成发生变化的活动。筹资活动产生的现金流量至少应当单独列示反映的项目包括：吸收投资收到的现金；取得借款收到的现金；收到其他与筹资活动有关的现金；偿还债务支付的现金；分配股利、利润或偿付利息支付的现金；支付其他与筹资活动有关的现金。

除现金流量表反映的信息外，企业还应该在附注中披露将净利润调节为经营活动的现金流量，以及不涉及现金收支的重大投资和筹资活动、现金及现金等价物净变动情况等信息。

十一、稽核岗位

（一）稽核岗位职责

稽核岗位职责需要制定本企业会计制度；组织领导财会部门工作；充当高层领导的财务管理助手；加强日常财务管理和成本控制；保证按时纳税及上缴利润；负责财产清查；

搞好财务部门人力资源管理。

通过实训本岗位需要了解稽核岗位的职责，掌握原始凭证、记账凭证、明细账、总账以及财务报表的稽核。

（二）稽核岗位常用单据

1.存货盘点报告表（同材料会计岗）

2.增值税纳税申报表（适用于一般纳税人，见表1-1）

表1-1 **增值税纳税申报表**

（适用于增值税一般纳税人）

税款所属时间：自 年 月 日至 年 月 日 填表日期： 年 月 日

纳税人识别号：☐☐☐☐☐☐☐☐☐☐☐☐☐☐☐ 所属行业： 金额单位：元至角分

纳税人名称		法定代表人姓名		注册地址		营业地址	
开户银行及账号			企业登记注册类型			电话号码	

项目		栏次	一般货物及劳务		即征即退货物及劳务	
			本月数	本年累计	本月数	本年累计
销售额	（一）按适用税率征税货物及劳务销售额	1				
	其中：应税货物销售额	2				
	应税劳务销售额	3				
	纳税检查调整的销售额	4				
	（二）按简易征收办法征税货物销售额	5				
	其中：纳税检查调整的销售额	6				
	（三）免、抵、退办法出口货物销售额	7			—	—
	（四）免税货物及劳务销售额	8			—	—
	其中：免税货物销售额	9			—	—
	免税劳务销售额	10			—	—
税款计算	销项税额	11				
	进项税额	12				
	上期留抵税额	13		—		—
	进项税额转出	14				
	免、抵、退货物应退税额	15			—	—
	按适用税率计算的纳税检查应补缴税额	16			—	—

项目		栏次	一般货物及劳务		即征即退货物及劳务	
			本月数	本年累计	本月数	本年累计
税款计算	应抵扣税额合计	17=12+13-14-15+16			—	—
	实际抵扣税额	18(如17<11,则为17,否则为11)				
	应纳税额	19=11-18				
	期末留抵税额	20=17-18			—	—
	简易征收办法计算的应纳税额	21				
	按简易征收办法计算的纳税检查应补缴税额	22			—	—
	应纳税额减征额	23				
	应纳税额合计	24=19+21-23				
税款缴纳	期初未缴税额（多缴为负数）	25				
	实收出口开具专用缴款书退税额	26			—	—
	本期已缴税额	27=28+29+30+31				
	①分次预缴税额	28			—	—
	②出口开具专用缴款书预缴税额	29			—	—
	③本期缴纳上期应纳税额	30				
	④本期缴纳欠缴税额	31				
	期末未缴税额（多缴为负数）	32=24+25+26-27				
	其中：欠缴税额（≥0)	33=25+26-27			—	—
	本期应补（退）税额	34=24-28-29				
	即征即退实际退税额	35	—	—		
	期初未缴查补税额	36			—	—
	本期入库查补税额	37			—	—
	期末未缴查补税额	38=16+22+36-37			—	—
授权声明	如果你已委托代理人申报，请填写下列资料： 为代理一切税务事宜，现授权 （地址）　　　　　　　　为本纳税人的代理申报人，任何与本申报表有关的往来文件，都可寄予此人。 授权人签字：					
				申报人声明	此纳税申报表是根据《中华人民共和国增值税暂行条例》的规定填报的，我相信它是真实的、可靠的、完整的。 声明人签字：	

以下由税务要关填写：　　　　　　　接收人：　　　　　主管税务机关盖章：

收到日期：

本表适用于一般纳税人填报，增值税一般纳税人销售按简易办法缴纳增值税的货物，也使用本表。

（1）本表"税款所属时间"是指纳税人申报的增值税应纳税额的所属时间，应填写具体的起止年、月、日，一般自月份开始第一天的时间至月末最后一天。

（2）本表"填表日期"是指纳税人填写本表的具体日期。

（3）本表"纳税人识别号"栏，填写税务机关为纳税人确定的识别号，即：税务登记证号。

（4）本表"所属行业"栏，按照国民经济行业分类与代码中的最细项（小类）进行填写（国民经济行业分类与代码附后）。

（5）本表"纳税人名称"栏，填写纳税人单位名称全称，不得填写简称。

（6）本表"法定代表人姓名"栏，填写纳税人法定代表人的姓名。

（7）本表"注册地址"栏，填写纳税人税务登记证所注明的详细地址。

（8）本表"营业地址"栏，填写纳税人营业地的详细地址。

（9）本表"开户银行及账号"栏，填写纳税人开户银行的名称和纳税人在该银行的结算账户号码。

（10）本表"企业登记注册类型"栏，按税务登记证填写。

（11）本表"电话号码"栏，填写纳税人注册地和经营地的电话号码。

（12）本表"一般货物及劳务"是指享受即征即退的货物及劳务以外的其他货物及劳务。

（13）本表"即征即退货物及劳务"是指纳税人按照税法规定享受即征即退税收优惠政策的货物及劳务。

（14）本表第一项"（一）按适用税率征税货物及劳务销售额"栏，填写纳税人本期按适用税率缴纳增值税的应税货物和应税劳务的销售额（销货退回的销售额用负数表示），包括在财务上不作销售但按税法规定应缴纳增值税的视同销售货物和价外费用销售额，外贸企业作价销售进料加工复出口的货物，税务、财政、审计部门检查按适用税率计算调整的销售额。"一般货物及劳务"的"本月数"栏与"即征即退货物及劳务"的"本月数"栏数据之和，应等于"附表一"第七栏的"小计"中的"销售额"数。"本年累计"栏，填写年度内各月数额之和。

（15）本表第二项"其中：应税货物销售额"栏，填写纳税人本期按适用税率缴纳增值税的应税货物的销售额（销货退回的销售额用负数表示），包括在财务上不作销售但按税法规定应缴纳增值税的视同销售货物和价外费用销售额，以及外贸企业作价销售进料加工复出口的货物。"一般货物及劳务"的"本月数"栏数据与"即征即退货物及劳务"的"本月数"栏数据之和，应等于"附表一"第五栏的"应税货物"中17%税率"销售额"与13%税率"销售额"的合计数。"本年累计"栏，填写年度内各月数额之和。

（16）本表第三项"应税劳务销售额"栏，填写纳税人本期按适用税率缴纳增值税的应税劳务的销售额。"一般货物及劳务"的"本月数"栏与"即征即退货物及劳务"的"本月数"栏数据之和，应等于"附表一"第五栏的"应税劳务"中的"销售额"数。"本年累计"栏，填写年度内各月数额之和。

（17）本表第四项"纳税检查调整的销售额"栏，填写纳税人本期因税务、财政、审计部门检查，并按适用税率计算调整的应税货物和应税劳务的销售额，但享受即征即退税收优惠政策的货物及劳务经税务稽查发现偷税的，不得填入"即征即退货物及劳务"部分，而应将本部分销售额在"一般货物及劳务"栏中反映。"一般货物及劳务"的"本月数"栏与"即征即退货物及劳务"的"本月数"栏数据之和，应等于"附表一"第六栏的"小计"中的"销售额"数。"本年累计"栏，填写年度内各月数额之和。

（18）本表第五项"（二）按简易征收办法征税货物销售额"栏，填写纳税人本期按简易征收办法征收增值税货物的销售额（销货退回的销售额用负数表示），包括税务、财政、审计部门检查，并按简易征收办法计算调整的销售额。"一般货物及劳务"的"本月数"栏与"即征即退货物及劳务"的"本月数"栏数据之和，应等于"附表一"第十四栏的"小计"中的"销售额"数。"本年累计"栏，填写年度内各月数额之和。

（19）本表第六项"其中：纳税检查调整的销售额"栏，填写纳税人本期因税务、财政、审计部门检查，并按简易征收办法计算调整的销售额，但享受即征即退税收优惠政策的货物及劳务经税务稽查发现偷税的，不得填入"即征即退货物及劳务"部分，而应将本部分销售额在"一般货物及劳务"栏中反映。"一般货物及劳务"的"本月数"栏数据与"即征即退货物及劳务"的"本月数"栏数据之和，应等于"附表一"第十三栏的"小计"中的"销售额"数。"本年累计"栏，填写年度内各月数额之和。

（20）本表第七项"（三）免、抵、退办法出口货物销售额"栏，填写纳税人本期执行免、抵、退办法出口货物的销售额（销货退回的销售额用负数表示）。"本年累计"栏，填写年度内各月数额之和。

（21）本表第八项"（四）免税货物及劳务销售额"栏，填写纳税人本期按照税法规定直接免征增值税的货物、劳务的销售额及适用零税率的货物、劳务的销售额（销货退回的销售额用负数表示），但不包括适用免、抵、退办法出口货物的销售额。"一般货物及劳务"的"本月数"栏数据，应等于"附表一"第十八栏的"小计"中的"销售额"数。"本年累计"栏，填写年度内各月数额之和。

（22）本表第九项"其中：免税货物销售额"栏，填写纳税人本期按照税法规定直接免征增值税货物的销售额及适用零税率货物的销售额（销货退回的销售额用负数表示），但不包括适用免、抵、退办法出口货物的销售额。"一般货物及劳务"的"本月数"栏数据，应等于"附表一"第十八栏的"免税货物"中的"销售额"数。"本年累计"栏，填写年度内各月数额之和。

（23）本表第十项"免税劳务销售额"栏，填写纳税人本期按照税法规定直接免征增值税劳务的销售额及适用零税率劳务的销售额（销货退回的销售额用负数表示）。"一般货物及劳务"的"本月数"栏数据，应等于"附表一"第十八栏的"免税劳务"中的"销售额"数。"本年累计"栏，填写年度内各月数额之和。

（24）本表第十一项"销项税额"栏，填写纳税人本期按适用税率计征的销项税额。该数据应与"应交税费——应交增值税"明细科目贷方"销项税额"专栏本期发生数一致。"一般货物及劳务"的"本月数"栏与"即征即退货物及劳务"的"本月数"栏数据之和，应等于"附表一"第七栏的"小计"中的"销项税额"数。"本年累计"栏，填写年度内各月数额之和。

（25）本表第十二项"进项税额"栏，填写纳税人本期申报抵扣的进项税额。该数据应与"应交税费——应交增值税"账户明细科目借方"进项税额"专栏本期发生数一致。"一般货物及劳务"的"本月数"栏与"即征即退货物及劳务"的"本月数"栏数据之和，应等于"附表一"第十二栏中的"税额"数。"本年累计"栏，填写年度内各月数额之和。

（26）本表第十三项"上期留抵税额"栏，为纳税人前一申报期的"期末留抵税额"数，该数据应与"应交税费——应交增值税"账户明细科目借方月初余额一致。

（27）本表第十四项"进项税额转出"栏，填写纳税人已经抵扣但按税法规定应作进项税转出的进项税额总数，但不包括销售折扣、折让、销货退回等应负数冲减当期进项税额的数额。该数据应与"应交税费——应交增值税"账户明细科目贷方"进项税额转出"专栏本期发生数一致。"一般货物及劳务"的"本月数"栏与"即征即退货物及劳务"的"本月数"栏数据之和，应等于"附表一"第十三栏中的"税额"数。"本年累计"栏，填写年度内各月数额之和。

（28）本表第十五项"免、抵、退货物应退税额"栏，填写退税机关按照出口货物免、抵、退办法审批的应退税额。"本年累计"栏，填写年度内各月数额之和。

（29）本表第十六项"按适用税率计算的纳税检查应补缴税额"栏，填写税务、财政、审计部门检查按适用税率计算的纳税检查应补缴税额。"本年累计"栏，填写年度内各月数额之和。

（30）本表第十七项"应抵扣税额合计"栏，填写纳税人本期应抵扣进项税额的合计数。

（31）本表第十八项"实际抵扣税额"栏，填写纳税人本期实际抵扣的进项税额。"本年累计"栏，填写年度内各月数额之和。

（32）本表第十九项"应纳税额"栏，填写纳税人本期按适用税率计算并应缴纳的增值税额。"本年累计"栏，填写年度内各月数额之和。

（33）本表第二十项"期末留抵税额"栏，为纳税人在本期销项税额中尚未抵扣完，留待下期继续抵扣的进项税额。该数据应与"应交税费——应交增值税"账户明细科目借方月末余额一致。

（34）本表第二十一项"简易征收办法计算的应纳税额"栏，填写纳税人本期按简易征收办法计算并应缴纳的增值税额，但不包括按简易征收办法计算的纳税检查应补缴税额；"一般货物及劳务"的"本月数"栏与"即征即退货物及劳务"的"本月数"栏数据之和，应等于"附表一"第十二栏的"小计"中的"应纳税额"数。"本年累计"栏，填写年度内各月数额之和。

（35）本表第二十二项"按简易征收办法计算的纳税检查应补缴税额"栏，填写纳税人本期因税务、财政、审计部门检查并按简易征收办法计算的纳税检查应补缴税额。"一般货物及劳务"的"本月数"栏与"即征即退货物及劳务"的"本月数"栏数据之和，应等于"附表一"第十三栏的"小计"中的"应纳税额"数。"本年累计"栏，填写年度内各月数额之和。

（36）本表第二十三项"应纳税额减征额"栏，填写纳税人本期按照税法规定减征的增值税应纳税额。"本年累计"栏，填写年度内各月数额之和。

（37）本表第二十四项"应纳税额合计"栏，填写纳税人本期应缴增值税的合计数。"本年累计"栏，填写年度内各月数额之和。

（38）本表第二十五项"期初未缴税额（多缴为负数）"栏，为纳税人前一申报期的

"期末未缴税额（多缴为负数）"。

（39）本表第二十六项"实收出口开具专用缴款书退税额"栏，填写纳税人本期实际收到税务机关退回的，因开具"出口货物税收专用缴款书"而多缴的增值税款。该数据应根据"应交税费——未交增值税"账户明细科目贷方本期发生额中"收到税务机关退回的多缴增值税款"数据填列。"本年累计"栏，填写年度内各月数额之和。

（40）本表第二十七项"本期已缴税额"栏，是指纳税人本期实际缴纳的增值税额，但不包括本期入库的查补税款。"本年累计"栏，填写年度内各月数额之和。

（41）本表第二十八项"①分次预缴税额"栏，填写纳税人本期分次预缴的增值税额。

（42）本表第二十九项"②出口开具专用缴款书预缴税额"栏，填写纳税人本期销售出口货物而开具专用缴款书向主管税务机关预缴的增值税额。

（43）本表第三十项"③本期缴纳上期应纳税额"栏，填写纳税人本期上缴上期应缴未缴的增值税款，包括缴纳上期按简易征收办法计提的应缴未缴的增值税额。"本年累计"栏，填写年度内各月数额之和。

（44）本表第三十一项"④本期缴纳欠缴税额"栏，填写纳税人本期实际缴纳的增值税欠税额，但不包括缴纳入库的查补增值税款。"本年累计"栏，填写年度内各月数额之和。

（45）本表第三十二项"期末未缴税额（多缴为负数）"栏，填写纳税人本期期末应缴未缴的增值税额，但不包括纳税检查应缴未缴的税额。"本年累计"栏与"本月数"栏数据相同。

（46）本表第三十三项"其中：欠缴税额（≥0）"栏，填写纳税人按照税法规定已形成欠税的数额。

（47）本表第三十四项"本期应补（退）税额"栏数据，填写纳税人本期应纳税额中应补缴或应退回的数额。

（48）本表第三十五项"即征即退实际退税额"栏，填写纳税人本期因符合增值税即征即退优惠政策规定，而实际收到的税务机关返还的增值税额。"本年累计"栏，填写年度内各月数额之和。

（49）本表第三十六项"期初未缴查补税额"栏，填写纳税人前一申报期的"期末未缴查补税额"，该数据与本表第二十五项"期初未缴税额（多缴为负数）"栏数据之和，应与"应交税费——未交增值税"账户明细科目期初余额一致。"本年累计"栏，填写纳税人上年度末的"期末未缴查补税额"数。

（50）本表第三十七项"本期入库查补税额"栏，填写纳税人本期因税务、财政、审计部门检查而实际入库的增值税款，包括按适用税率计算并实际缴纳的查补增值税款，按简易征收办法计算并实际缴纳的查补增值税款。"本年累计"栏，填写年度内各月数额之和。

（51）本表第三十八项"期末未缴查补税额"栏，填写纳税人纳税检查本期期末应缴未缴的增值税额，该数据与本表第三十二项"期末未缴税额（多缴为负数）"栏数据之和，应与"应交税费——未交增值税"账户明细科目期初余额一致。"本年累计"栏与"本月数"栏数据相同。

3.增值税纳税申报表附列资料（表一）

增值税纳税申报表附列资料（表一）是增值税纳税申报表附属资料之一，本表格是相对纳税所属时间的销售情况的明细表（见表1-2）。

表1-2

增值税纳税申报表附列资料（一）

（本期销售情况明细）

纳税人名称：(公章)

税款所属时间： 年 月 日至 年 月 日

金额单位：元至角分

项目及栏次			开具税控增值税专用发票		开具其他发票		未开具发票		纳税检查调整		合计			应税服务扣除项目本期实际扣除金额	扣除后	
			销售额	销项(应纳)税额	销售额	销项(应纳)税额	销售额	销项(应纳)税额	销售额	销项(应纳)税额	销售额	销项(应纳)税额	价税合计		含税(免税)销售额	销项(应纳)税额
			1	2	3	4	5	6	7	8	9=1+3+5+7	10=2+4+6+8	11=9+10	12	13=11-12	14=13÷(100%+税率 或征收率)×税率或征收率
一、一般计税方法计税	全部征税项目	17%税率的货物及加工、修理修配劳务	1													
		17%税率的有形动产租赁服务	2		—	—							—	—		—
		13%税率	3		—	—							—	—		—
		11%税率	4		—	—							—	—		—
		6%税率	5		—	—							—	—		—
	其中:即征即退项目	即征即退货物及加工、修理修配劳务	6	—	—	—	—	—	—	—	—			—	—		—
		即征即退应税服务	7	—	—	—	—	—	—	—	—			—	—		—
二、简易计税方法计税	全部征税项目	6%征收率	8														
		5%征收率	9	—										—	—		—
		4%征收率	10	—										—	—		—
		3%征收率的货物及加工、修理修配劳务	11	—										—	—		—
		3%征收率的应税服务	12	—										—	—		—
		预征率 %	13														
	其中:即征即退项目	即征即退货物及加工、修理修配劳务	14	—	—	—	—	—	—	—	—			—	—		—
		即征即退应税服务	15	—	—	—	—	—	—	—	—			—	—		—
三、免抵退税		货物及加工、修理修配劳务	16	—	—	—	—	—	—	—	—			—	—	—	—
		应税服务	17	—	—	—	—	—	—	—	—			—	—	—	—
四、免税		货物及加工、修理修配劳务	18	—	—	—	—	—	—	—	—			—	—	—	—
		应税服务	19	—	—	—	—	—	—	—	—			—	—	—	—

4.增值税纳税申报表附列资料（表二）

增值税纳税申报表附列资料（表二）是增值税纳税申报表附属资料之一，本表格是相对纳税所属时间的购进货物情况的明细表（见表1-3）。

表1-3

增值税纳税申报表附列资料（二）

(本期进项税额明细)

税款所属时间：　　年　月　日至　　年　月　日

纳税人名称：（公章）　　　　　　　　　　　　　　　　　　　　金额单位：元至角分

一、申报抵扣的进项税额				
项目	栏次	份数	金额	税额
（一）认证相符的税控增值税专用发票	1=2+3			
其中：本期认证相符且本期申报抵扣	2			
前期认证相符且本期申报抵扣	3			
（二）其他扣税凭证	4=5+6+7+8			
其中：海关进口增值税专用缴款书	5			
农产品收购发票或者销售发票	6			
代扣代缴税收缴款凭证	7			—
运输费用结算单据	8			
	9	—	—	—
	10	—	—	—
（三）外贸企业进项税额抵扣证明	11	—	—	
当期申报抵扣进项税额合计	12=1+4+11			
二、进项税额转出额		
项目	栏次	税额
本期进项税转出额	13=14至23之和	
其中：免税项目用	14	
非应税项目用、集体福利、个人消费	15	
非正常损失	16	
简易计税方法征税项目用	17	
免抵退税办法不得抵扣的进项税额	18	

续表

项目	栏次	税额
纳税检查调减进项税额	19	
红字专用发票通知单注明的进项税额	20	
上期留抵税额抵减欠税	21	
上期留抵税额退税	22	
其他应作进项税额转出的情形	23	

三、待抵扣进项税额

项目	栏次	份数	金额	税额
（一）认证相符的税控增值税专用发票	24	—	—	—
期初已认证相符但未申报抵扣	25			
本期认证相符且本期未申报抵扣	26			
期末已认证相符但未申报抵扣	27			
其中：按照税法规定不允许抵扣	28			
（二）其他扣税凭证	29=30至33之和			
其中：海关进口增值税专用缴款书	30			
农产品收购发票或者销售发票	31			
代扣代缴税收缴款凭证	32		—	
运输费用结算单据	33			
	34			

四、其他

项目	栏次	份数	金额	税额
本期认证相符的税控增值税专用发票	35			
代扣代缴税额	36		—	—

5.增值税纳税申报表

小规模纳税人不论有无销售额，均应按主管税务机关核定的纳税期限按期填报本表，并于次月1日起15日内，向当地税务机关申报。

增值税纳税申报表（适用于小规模纳税人）见表1-4。本表一式三份：一份纳税人留存；一份主管税务机关留存；一份征收部门留存。

表 1-4

增值税纳税申报表

（适用于小规模纳税人）

纳税人识别号：☐☐☐☐☐☐☐☐☐☐☐☐☐☐☐☐☐☐

纳税人名称（公章）：   金额单位：元（列至角分）

税款所属期：   年   月   日至   年   月   日   填表日期：   年   月   日

	项　　目	栏次	本期数	本年累计
一、计税依据	（一）应征增值税货物及劳务不含税销售额	1		
	其中：税务机关代开的增值税专用发票不含税销售额	2		
	税控器具开具的普通发票不含税销售额	3		
	（二）销售使用过的应税固定资产不含税销售额	4	—	
	其中：税控器具开具的普通发票不含税销售额	5	—	
	（三）免税货物及劳务销售额	6		
	其中：税控器具开具的普通发票销售额	7		
	（四）出口免税货物销售额	8		
	其中：税控器具开具的普通发票销售额	9		
二、税款计算	本期应纳税额	10		
	本期应纳税额减征额	11		
	应纳税额合计	12=10-11		
	本期预缴税额	13	—	
	本期应补（退）税额	14=12-13	—	

纳税人或代理人声明： 　　此纳税申报表是根据国家税收法律的规定填报的，我确定它是真实的、可靠的、完整的。	如纳税人填报，由纳税人填写以下各栏：
	办税人员（签章）：　　　财务负责人（签章）： 法定代表人（签章）：　　　联系电话：
	如委托代理人填报，由代理人填写以下各栏：
	代理人名称：　　经办人（签章）：　　　联系电话： 代理人（公章）：

受理人：　　　受理日期：　　年　月　日　　受理税务机关（签章）：

注：本表为 A3 竖式一式三份，一份纳税人留存，一份主管税务机关留存，一份征收部门留存。

6.固定资产进项税额抵扣情况表（见表1-5）

表1-5 固定资产进项税额抵扣情况表

纳税人识别号： 纳税人名称（公章）：

填表日期： 年 月 日 金额单位：元至角分

项目	当期申报抵扣的 固定资产进项税额	当期申报抵扣的 固定资产进项税额累计
增值税专用发票		
海关进口增值税专用缴款书		
合 计		

注：本表一式二份，一份纳税人留存，一份主管税务机关留存。

本表一式二份：一份纳税人留存，一份主管税务机关留存，其所指固定资产是指新购进的要抵扣的所有固定资产。自2009年1月1日起，增值税一般纳税人（以下简称纳税人）购进（包括接受捐赠、实物投资，下同）或者自制（包括改扩建、安装，下同）固定资产发生的进项税额（以下简称固定资产进项税额），可根据《中华人民共和国增值税暂行条例》（国务院令第538号，以下简称《条例》）和《中华人民共和国增值税暂行条例实施细则》（财政部国家税务总局令第50号，以下简称《细则》）的有关规定，凭增值税专用发票、海关进口增值税专用缴款书和运输费用结算单据（以下简称增值税扣税凭证）从销项税额中抵扣，其进项税额应当记入"应交税费——应交增值税（进项税额）"科目。

纳税人允许抵扣的固定资产进项税额，是指纳税在日历年度1月1日以后（含1月1日，下同）实际发生，并取得当年1月1日以后开具的增值税扣税凭证上注明的或者依据增值税扣税凭证计算的增值税税额。

7.税收通用缴款书

税收通用缴款书（见表1-6）是纳税人直接向银行缴纳及扣缴义务人代扣代收后向银行汇总缴纳税款（固定资产投资方向调节税和出口货物税收除外）、基金、费用、滞纳金和罚款等各项收入时使用的一种通用缴款凭证。本缴款书手工开票和计算机开票通用。

除固定资产投资方向调节税和出口货物税收外，凡是由税务机关组织征收的其他各种税款、基金、费用，及其滞纳金和罚款等预算收入，只要缴款人在银行开有结算存款账户，都应使用税收通用缴款书缴纳。缴款人持现金自行直接到银行缴纳各项收入的，也应使用税收通用缴款书，但缴款人持现金直接向税务机关缴纳各项收入的，不能使用此缴款书，应使用税收完税证或罚款收据。

税收通用缴款书一式六联：第一联（收据）国库（银行）收款盖章后退缴款单位（人）作完税凭证（白纸黑油墨）；第二联（付款凭证）缴款单位（人）的支付凭证，开户银行作借方传票（白纸蓝油墨）；第三联（收款凭证）收国库作贷方传票（白纸红油墨）；第四联（回执）国库收款盖章后退税务机关作税收会计凭证（白纸绿油墨）；第五联（报查）国库（银行）收款盖章后退基层税务机关作税收会计凭证（白纸紫油墨）；第六联（存根）基层税务机关留存。自行开票的，由缴款单位（人）送基层税务机关（白纸黑油墨），国税局专用。

表1-6   **中华人民共和国税收通用缴款书**

隶属关系：

注册类型：   填发日期：   年   月   日   征收机关：

缴款单位	代码		预算科目	编码	
	全称			名称	
	开户银行			级次	
	账号			收缴国库	

税款所属时期 年 月 日至 月 日	税款限缴日期 年 月 日

品目名称	课税数量	计税金额或销售收入	税率或单位税额	已缴或扣除额	实缴金额										
					亿	千	百	十	万	千	百	十	元	角	分
金额合计	（大写）亿 仟 佰 拾 万 仟 佰 拾 元 角 分														

缴款单位（人）（盖章）经办人（章）	税务机关（盖章）填票人（章）	上列款项已收妥并划转收款单位账户 国库（银行）盖章 年 月 日	备注：

<table>
<tr><td>第二章</td><td>手工实训部分</td></tr>
</table>

一、模拟实训目的

企业实训部分要求学生以九江市盟祥联轴器有限公司 2015 年 12 月份实际发生的会计业务为基础，以会计主管的身份全方位体验出纳、仓库保管、记账、成本核算、往来等会计岗位的职责，通过建账、填制和审核原始凭证、记账凭证、登记账薄到装订凭证等会计工作技能和方法，完成企业日常会计核算、成本核算、年终结账到编制会计报告的全部会计核算工作。

通过企业会计手工实训，使学生系统掌握企业会计核算的基本程序和具体方法，加强对所学专业理论知识的理解与认识，提高会计技能的操作水平，完成从理论到实践的认知过程，培养学生成为具备从事会计及其相关工作基本技能，以及较强实践能力的高素质应用型人才。

二、模拟企业基本信息

企业名称：九江市盟祥联轴器有限公司

注册地址：九江县出口加工区三宝路 2 号

联系电话：0792-8431689

法人电话：陈政均

注册资本：人民币叁仟万元整

企业类型：股份有限公司

纳税人识别号：360412664755617

企业代码：04076098

开户行：工行十里支行

账号：1507 2300 0902 4805 948

（一）生产特点

九江市盟祥联轴器有限公司设有一个生产车间。该公司采用大量多步骤生产，但管理上不要求分步骤核算。平时从仓库领用棒料、锻件、钢材、铁板、电机、铸件进行加工，生产出甲、乙和丙三种型号的电联轴器，产品生产完工验收合格后，送交仓库。

（二）公司机构及人员分工（见表2-1）

表2-1　　　　　　　　　　　部门设置及人员分工

部门			负责人
行 政 部 门	厂长办公室		司敏
	财务科	财务主管	徐娜
		会计	史慧
		出纳	丁宁
生产车间			熊浩
销售部门	销售科		彭然
	门市部		
供应科			王欣
仓库（保管）			筱年

（三）会计期间

会计期间为2015年1月1日至2015年12月31日；模拟实训业务期间为2015年12月1日至2015年12月31日。

（四）材料核算程序（如图2-1所示）

材料按实际价核算，由公司集中采购，材料明细账由财务部门的材料核算员登记，采用每月编制"收料汇总表"和"发料汇总表"的方式登记材料明细账及总账。

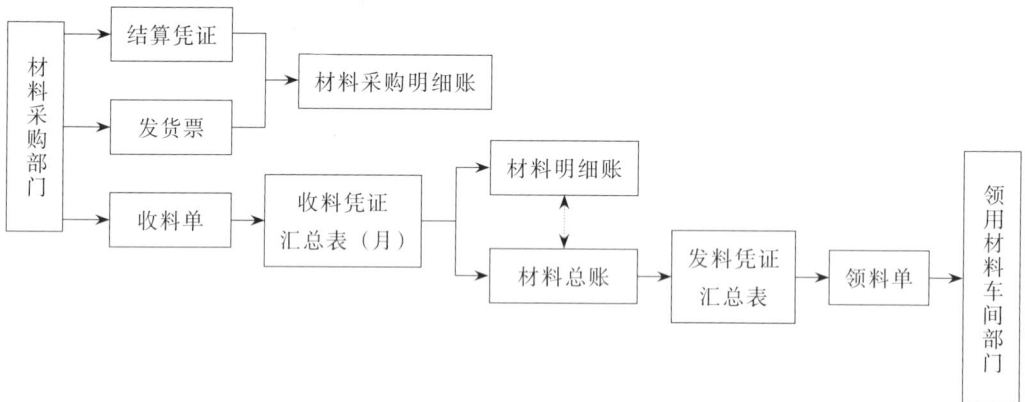

图2-1　材料采购、验收、领用核算程序图

（五）生产工艺流程图（如图2-2所示）

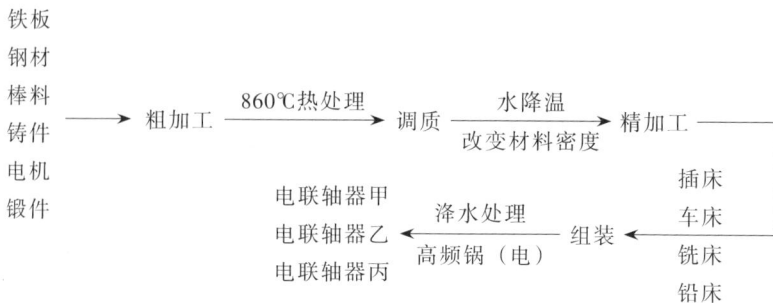

图2-2　生产工艺流程图

（六）会计核算说明

1.流动资产核算部分

（1）库存现金限额 3 000 元；

（2）备用金采用定额备用金制；

（3）坏账损失采用备抵法核算，按年末应收账款余额的 5‰ 计提坏账准备；

（4）原材料、周转材料到货后立即入库，并按实际成本计价核算，本月发出原材料的实际成本按全月一次加权平均法计算，铸件按定额耗用量比例分配，电联轴器甲、电联轴器乙和电联轴器丙的单位定额耗用量分别为 0.09 吨、0.1 吨和 0.11 吨；

（5）运费一般由购货方承担，采用重量比例分配法；

（6）产成品的收发按实际成本计价核算，本月发出产成品的实际成本按全月一次加权平均法计算。

2.差旅费报销相关规定

（1）车、船票始点至终点（除飞机票、火车软卧、高铁一等座、轮船 1、2 等舱外）实报实销，火车 6 小时以上可享受硬卧，够条件未享用者按硬座 50% 另加补贴；

（2）住宿费和途中伙食补贴采取包干制，住宿费每晚 150 元，途中伙食补贴每天 50 元，头尾都算；

（3）差旅费报销须凭部门领导签字办理报销手续。

3.固定资产核算部分

房屋、建筑物折旧年限为 20 年，残值为原值的 10%；机器设备折旧年限为 10 年，残值为原值的 4%，电子设备折旧年限为 3 年，残值为原值的 10%，运输工具的折旧年限为 8 年，残值率为 4%。

4.无形资产核算部分

非专利技术电联轴器按直线法 10 年摊销。

5.产品成本核算部分

（1）公司成本核算采用公司一级成本核算形式，产品成本计算采用品种法；

（2）本公司"生产成本"设置四个成本项目：直接材料、直接人工、制造费用、废品损失；

（3）基本生产车间的人工费用按当月电联轴器甲、电联轴器乙和电联轴器丙三种产品的生产工时比例进行分配，分配采用"工时比例分配法"；

（4）制造费用：按生产工时比例分配法；

（5）月末在产品成本按约当产量法计算，在产品完工程度均为 50%，产品所耗原材料均为开工时一次投入，废品损失全由当月同种完工产品负担；

（6）销售成本的结转采用全月一次加权平均法。

6.税金及附加核算部分

（1）增值税，本公司为增值税一般纳税人，税率为 17%，公司在采购过程中所支付的运费，可根据运费开具的增值税发票上列明的 11% 的税率抵扣（所有取得实务增值税专用发票已通过税务机关认证）；

（2）企业所得税，本公司的企业所得税税率为 25%，按季度预缴，年终汇算清缴；

（3）个人所得税，公司职工应负担的个人所得税由公司代扣代缴；

（4）税附加，城市维护建设税按流转税额的5%计算，教育费附加按流转额的3%计算。

（5）印花税，按固定数缴纳：400元/月；

（6）其他税金，每月计提，季末后10日内缴纳：

①房产税：按房屋原值扣减20%后，按年1.2%计征；

②车船税：货车年60元/自重（每吨），小型客车660元/年，小轿车480元/年；

③城镇土地使用税：公司占地3 000亩，按年1元/亩计征。

7.工资有关的各项经费的计提

（1）企业负担的社会保险费和住房公积金按基本工资比例计提；

（2）企业从职工工资中代扣代缴的由个人负担的社会保险费和住房公积金见"工资计算汇总表"；

（3）社会保险费和住房公积金，企业负担部分记入"应付职工薪酬"，个人负担部分由企业代扣代缴记入"其他应付款"。

8.利润及利润分配核算部分

（1）年末分别按本年税后利润的10%计提法定盈余公积，按5%计提任意盈余公积。

（2）按本年税后利润的30%向股东支付股利。

9.其他

（1）企业银行结算方式：

①同城：转账；

②异地：电汇、委托收款或者托收承付结算方式。

（2）采用委托收款和托收承付结算方式的付款业务，均在接到银行付款通知的当日通知银行付款；

（3）分配率要求精确到小数点后4位，金额结果精确到小数点后2位；

（4）银行预留印鉴：

三、模拟企业资料

（一）有关账户余额（见表2-2、表2-3）

表2-2 　　　　　　　　　　　　　　　　　账户余额表　　　　　　　　　　　　　　　单位：元

编号	总分类账户	明细分类账户	借方余额	贷方余额
资产、成本类				
1001	库存现金		3 000.00	
1002	银行存款		5 792 328.32	
1122	应收账款		167 240.00	
		徐州东南钢铁设备厂	33 508.00	
		南昌长力钢铁股份有限公司	52 356.00	
		福建三宝特钢有限公司	48 712.00	
		九江恒生化纤有限公司	32 664.00	
1221	其他应收款	备用金（厂长办公室）	3 000.00	
1231	坏账准备			836.20
1403	原材料		1 619 133.57	
1405	库存商品		4 794 400.00	
1411	周转材料		46 960.00	
1471	存货跌价准备			32 000.00
5001	生产成本		45 626.77	
1511	长期股权投资	万隆科贸公司（成本）	13 000 000.00	
1601	固定资产		27 060 000.00	
1602	累计折旧			12 228 150.00
1701	无形资产	非专利技术	3 000 000.00	
1702	累计摊销			815 000.00
负债类				
2201	应付票据	银行承兑汇票（聊城开发区奥宇钢材有限公司）		266 589.00
2202	应付账款			2 800 000.00
		九江宝鑫物资有限公司		565 153.60
		江西赣江长梅机电设备有限公司		427 900.00
		九江鼎恒特种钢有限公司		489 433.10
		九江市荣圣物资贸易有限公司		712 997.60
		杭州嘉通机械有限公司		307 755.00
		合肥龙宇铸造有限公司		214 510.70
		上海青山贸易有限公司		82 250.00

编号	总分类账户	明细分类账户		借方余额	贷方余额
2211	应付职工薪酬				141 402.50
		职工福利费			38 600.00
		职工保险	医疗保险		15 750.00
			养老保险		31 500.00
			失业险		2 362.50
		住房公积金			12 600.00
		工会经费			22 390.00
		职工教育经费			18 200.00
2221	应交税费				507 463.25
		未交增值税			187 306.16
		应交城市维护建设税			13 111.43
		应交教育费附加			5 619.18
		应交所得税			270 143.48
		应交个人所得税			813.00
		应交房产税			29 600.00
		应交车船税			370.00
		应交城镇土地使用税			500.00
2231	应付利息				126 000.00
2241	其他应付款				29 137.50
		医疗保险费			3 150.00
		养老保险费			12 600.00
		失业险费			787.50
		住房公积金			12 600.00
2501	长期借款				9 000 000.00
所有者权益类					
4001	实收资本				21 000 000.00
		长江股份有限公司			14 000 000.00
		黄河股份有限公司			7 000 000.00
4002	资本公积	其他资本公积			310 000.00
4101	盈余公积				510 000.00
		法定盈余公积			340 000.00
		任意盈余公积			170 000.00
4103	本年利润				3 395 737.46
4104	利润分配	未分配利润			4 369 372.75

表2-3 　　　　　　　损益类账户2015年1—11月累计发生额 　　　　　　单位：元

总账账户	明细账户	2015年1—11月累计发生额
主营业务收入	甲	9 048 000.00
	乙	12 250 000.00
	丙	8 610 000.00
	合 计	29 908 000.00
其他业务收入	废钢	116 800.00
主营业务成本	甲	6 945 372.38
	乙	9 497 057.92
	丙	6 806 598.50
	合 计	23 249 028.80
其他业务成本	废钢	109 500.00
营业税金及附加		173 975.57
销售费用		313 366.28
管理费用		893 690.44
财务费用		751 479.00
营业外支出		1 328.68
所得税费用		1 136 693.77

（二）明细分类账户余额（见表2-4至表2-8）

表2-4 　　　　　　　"生产成本"明细分类账户期初余额 　　　　　金额单位：元

产品名称	规格	计量单位	数量	成本项目				合 计
				直接材料	直接人工	制造费用	废品损失	
电联轴器	甲	台	4	7 420.66	464.79	238.89		8 124.34
	乙		8	18 376.27	1 027.57	528.13		19 931.97
	丙		6	16 226.36	887.79	456.31		17 570.46
合 计								45 626.77

表2-5   **"库存商品"明细分类账户期初余额**   金额单位：元

产品名称	规 格	计量单位	库存数量	单位成本	金 额
电联轴器	甲	台	620	2 150.00	1 333 000.00
	乙		650	2 820.00	1 833 000.00
	丙		460	3 540.00	1 628 400.00
合 计					4 794 400.00

表2-6   **"原材料"明细账户期初余额**   金额单位：元

二级科目	名 称	规 格	计量单位	库存数量	单 价	金 额
原料及主要材料	钢材		吨	187.59	3 640.1292	682 851.84
	铁板		吨	130.00	3 810.2185	495 328.41
	电机	甲	台	170	248	42 160.00
		乙	台	200	556	111 200.00
		丙	台	120	776	93 120.00
	铸件		吨	30	6 482.4439	194 473.32
合 计						1 619 133.57

表2-7   **"周转材料"明细账户期初余额**   金额单位：元

二级科目	明细账户	计量单位	库存数量	单位成本	金 额
低值易耗品	昆仑抗磨液压油	桶	1	1 829.06	1 829.06
	线切割乳化液	千克	1	188.04	188.04
	工具	件	20	193.145	3 862.90
	管理用具	件	69	40	2 760.00
	工作服	套	454	80	36 320.00
	小 计				44 960.00
包装物	包装箱	个	10	200	2 000.00
合 计					46 960.00

表 2-8 **"固定资产"明细账户期初余额** 单位：台

车间、部门	固定资产名称	账面原值（元）	年折旧率	建造（购置）时间
基本生产车间	房屋及建筑物	18 000 000.00	4.5%	2008 年 3 月
	机器设备：			
	车床（CW62E/1000）	2 800 000.00		2008 年 4 月
	车床（CA14A/1000）	2 300 000.00		2010 年 5 月
	铣床（X6042A–L5H）	1 130 000.00	9.6%	2008 年 4 月
	插床（B5032E）	600 000.00		2008 年 4 月
	摇臂钻床（I305011611）	580 000.00		2008 年 4 月
	立钻（I5150）	500 000.00		2008 年 6 月
	（电）高频炉	50 000.00		2008 年 4 月
行政部门	房屋及建筑物	500 000.00	4.5%	2008 年 3 月
	复印机（厂长办公室）	11 000.00		2013 年 4 月
	美的空调（厂长办公室）	8 000.00	30%	2013 年 4 月
	打印机（财务科）	3 000.00		2013 年 4 月
	美的空调（财务科）	4 000.00		2013 年 4 月
	客车（厂长办公室）	150 000.00	12%	2008 年 6 月
	小轿车（厂长办公室）	220 000.00		2008 年 5 月
销售部门	货车（载重 8 吨）（销售科）	98 000.00	12%	2008 年 6 月
	货车（载重 10 吨）（销售科）	100 000.00		2009 年 7 月
	美的空调（销售门市部）	6 000.00	30%	2013 年 9 月

（三）产量、工时记录（见表2-9）

表2-9 **12月初产量记录**

项　目	甲	乙	丙
月初在产品	4	8	6
本月投产	350	400	240
本月完工	352	402	240
月末在产品	2	6	6
12月份	9 600	12 000	8 400

（四）年初相关报表（见表2-10、表2-11）

表2-10 **资产负债表**

编制单位：九江市盟祥联轴器有限公司　　　2015年11月30日　　　单位：元

资产	期末余额	年初余额	负债和所有者权益	期末余额	年初余额
流动资产：			流动负债：		
货币资金		2 382 215.08	短期借款		1 000 000.00
以公允价值计量且其变动计入当期损益的金融资产			以公允价值计量且其变动计入当期损益的金融负债		
应收票据		1 359 100.00	应付票据		900 000.00
应收账款		1 445 650.00	应付账款		2 600 000.00
预付款项			预收款项		
应收利息			应付职工薪酬		62 212.50
应收股利			应交税费		479 165.08
其他应收款		3 000.00	应付利息		
存货		4 093 759.00	应付股利		
一年内到期的非流动资产			其他应付款		29 137.50
其他流动资产			一年内到期的非流动负债		

续表

资产	期末余额	年初余额	负债和所有者权益	期末余额	年初余额
流动资产合计		9 283 724.08	其他流动负债		
非流动资产：			流动负债合计		5 070 515.08
可供出售金融资产			非流动负债：		
持有至到期投资			长期借款		9 000 000.00
长期应收款			应付债券		
长期股权投资		13 000 000.00	长期应付款		
投资性房地产			专项应付款		
固定资产		24 501 820.00	预计负债		
在建工程			递延所得税负债		
工程物资			其他非流动负债		
固定资产清理			非流动负债合计		9 000 000.00
生产性生物资产			负债合计		14 070 515.08
油气资产			所有者权益：		
无形资产		2 460 000.00	实收资本（或股本）		30 000 000.00
开发支出			资本公积		310 000.00
商誉			减：库存股		
长期待摊费用			盈余公积		510 000.00
递延所得税资产			未分配利润		4 355 029.00
其他非流动资产			所有者权益合计		35 175 029.00
非流动资产合计		39 961 820.00			
资产总计		49 245 544.08	负债和所有者权益总计		49 245 544.08

表 2-11　　　　　　　　　　　　　　　　**利润表**　　　　　　　　　　　　　　会企 02 表

编制单位：九江市盟祥联轴器有限公司　　　　　　2014 年　　　　　　　　　　　　单位：元

项目	本期金额	上期金额
一、营业收入	3 042 782.40	—
减：营业成本	2 379 891.58	—
营业税金及附加	16 821.28	—
销售费用	20 889.95	—
管理费用	81 071.91	—
财务费用	42 138.78	—
资产减值损失	3 561.25	—
加：公允价值变动收益（损失以"－"号填列）		
投资收益（损失以"－"号填列）		
其中：对联营企业和合营企业的投资收益		
二、营业利润（损失以"－"号填列）	498 407.65	—
加：营业外收入		
减：营业外支出		
其中：非流动资产处置损失		
三、利润总额（亏损总额以"－"号填列）	498 407.65	—
减：所得税费用	124 601.91	—
四、净利润（净损失以"－"号填列）	373 805.74	—
五、每股收益		
（一）基本每股收益		
（二）稀释每股收益		

四、模拟实训要求

1. 根据 2015 年 12 月初有关余额建账；

2. 根据 2015 年 12 月经济业务填制部分原始凭证；

3. 审核原始凭证并填制记账凭证；

4. 根据记账凭证登记日记账及明细分类账；

5. 按月编制"汇总记账凭证"（科目汇总表）；

6. 根据"汇总记账凭证"（科目汇总表）登记总分类账；

7. 年终结算本年利润并进行利润分配；

8. 编制 2015 年度资产负债表和利润表，增值税纳税申报表、企业所得税纳税申报表等各类报表。

五、模拟实训材料

1-1

1-2

办公用品领用单

2015 年 12 月 1 日　　　　　　　　　　　　金额单位：元

领用部门	用品名称	计量单位	数量		单价	金额	领用人签名
			请领	实领			
生产车间	档案盒	个	10	10	30	300	熊浩
厂长办公室	档案盒	个	20	20	30	600	司敏
销售部门	档案盒	个	10	10	30	300	彭然
合　计				40	30	1 200	

记账联

2-1

中国工商银行
现金支票存根（赣）
000942303

附加信息：_____

_____

_____

出票日期：2015年12月1日

收款人：丁宁
金　额：1 000.00
用　途：备用

单位主管：徐娜　　会计：史慧

2-2

借款单

2015年12月1日

借款单位	＊ 供应科	姓名	＊ 徐花花	级别	＊ 采购员	出差地点	＊ 武汉
						天　数	3天
事由	＊ 参加展销会	借款金额（大写）	＊ 壹仟元整			￥1 000.00	
部门负责人签章	王欣	借款人签章	＊徐花花	注意事项	一、有＊者由借款人填写 二、凡借用公款必须使用本单 三、第三联为正式借据，由借款人和部门负责人签章 四、出差返回后三日内结算		
单位领导或授权人批示	同意	审核意见（财务科）	同意	现金付讫			

第三联 借款记账凭证

3-1

领　料　单

领料部门：车间　　　　　　开票日期　2015 年 12 月 3 日　　　　　　字第 0001 号

材料名称	规 格	单 位	请领数量	实发数量	价 格	
					单 价	金 额
钢材		吨	24	24		

用途	电联轴器甲	领料部门		发料部门	
		负责人	领料人	核准人	发料人
			熊洁		筱年

第二联　记账（红色）

3-2

领　料　单

领料部门：车间　　　　　　开票日期　2015 年 12 月 3 日　　　　　　字第 0002 号

材料名称	规 格	单 位	请领数量	实发数量	价 格	
					单 价	金 额
钢材		吨	30	30		

用途	电联轴器乙	领料部门		发料部门	
		负责人	领料人	核准人	发料人
			熊洁		筱年

第二联　记账（红色）

3-3

领　料　单

领料部门：车间　　　　　　开票日期　2015 年 12 月 3 日　　　　　　字第 0003 号

材料名称	规 格	单 位	请领数量	实发数量	价 格	
					单 价	金 额
钢材		吨	22	22		

用途	电联轴器丙	领料部门		发料部门	
		负责人	领料人	核准人	发料人
			熊洁		筱年

第二联　记账（红色）

3-4

领 料 单

领料部门：车间　　　　　　开票日期　2015 年 12 月 3 日　　　　　　　字第 0004 号

第二联 记账（红色）

材料名称	规 格	单 位	请领数量	实发数量	价格	
					单 价	金 额
铁板		吨	23	23		
用途	电联轴器甲		领料部门		发料部门	
			负责人	领料人	核准人	发料人
				熊洁		筱年

3-5

领 料 单

领料部门：车间　　　　　　开票日期　2015 年 12 月 3 日　　　　　　　字第 0005 号

第二联 记账（红色）

材料名称	规 格	单 位	请领数量	实发数量	价格	
					单 价	金 额
铁板		吨	26	26		
用途	电联轴器乙		领料部门		发料部门	
			负责人	领料人	核准人	发料人
				熊洁		筱年

3-6

领 料 单

领料部门：车间　　　　　　开票日期　2015 年 12 月 3 日　　　　　　　字第 0006 号

第二联 记账（红色）

材料名称	规 格	单 位	请领数量	实发数量	价格	
					单 价	金 额
铁板		吨	17	17		
用途	电联轴器丙		领料部门		发料部门	
			负责人	领料人	核准人	发料人
				熊洁		筱年

4-1

3700062140 **山东增值税专用发票** №05724883

开票日期2015年12月5日

购货单位	名　称：九江市盟祥联轴器有限公司
	纳税人识别号：360412664755617
	地址、电话：九江县出口加工区三宝路2号　0792-8431689
	开户行及账号：工行十里支行1507230009024805948

密码区：36/*6/>*5/<8*/8->85 88-*632、6024//<5601 83*75379<**8>6539<6 18+81+Q987*6>-185>>26

加密版本：01 3700062140 05724883

货物或应税劳务名称	规格型号	单位	数量	单价	金额	税率	税额
铸件		吨	100	6 480.00	648 000.00	17%	110 160.00
合　计					￥648 000.00		￥110 160.00

价税合计（大写）　⊗柒拾伍万捌仟壹佰陆拾元整　　　（小写）￥758 160.00

销货单位	名　称：烟台海盛贸易有限公司	备注	电汇
	纳税人识别号：370602112234567		
	地址、电话：烟台科技产业园 0535-6058672		
	开户行及账号：农行延安路支行82600087567		

收款人：韩磊　　　复核：刘华　　　开票人：王军

第二联：抵扣联 购货方扣税凭证

4-2

3700062140 **山东增值税专用发票** №05724883

开票日期2015年12月5日

购货单位	名　称：九江市盟祥联轴器有限公司
	纳税人识别号：360412664755617
	地址、电话：九江县出口加工区三宝路2号　0792-8431689
	开户行及账号：工行十里支行1507230009024805948

密码区：36/*6/>*5/<8*/8->85 88-*632、6024//<5601 83*75379<**8>6539<6 18+81+Q987*6>-185>>26

加密版本：01 3700062140 05724883

货物或应税劳务名称	规格型号	单位	数量	单价	金额	税率	税额
铸件		吨	100	6 480.00	648 000.00	17%	110 160.00
合　计					￥648 000.00		￥110 160.00

价税合计（大写）　⊗柒拾伍万捌仟壹佰陆拾元整　　　（小写）￥758 160.00

销货单位	名　称：烟台海盛贸易有限公司	备注	电汇
	纳税人识别号：370602112234567		
	地址、电话：烟台科技产业园 0535-6058672		
	开户行及账号：农行延安路支行82600087567		

收款人：韩磊　　　复核：刘华　　　开票人：王军

第三联：发票联 购货方记账凭证

4-3

3700062145 **货物运输业增值税专用发票** No 21654387

此联不作报销、抵扣税凭证使用   开票日期 2015 年 12 月 5 日

承运人及纳税人识别号	烟台市顺发运输公司 370602112358946	密码区	036/0*--82*+5-90880149/>/<32+620-1*/ *+593/71+-82*44774<*+*-86//432/3<0*3 0769-<60<03<*0+15/*64+--7-*3>>*30*+> 9<7*48>2-969930+7501/>/5085/0818>89>
实际受票方及纳税人识别号	九江市盟祥联轴器有限公司 360412664755617		
收货人及纳税人识别号	九江市盟祥联轴器有限公司 360412664755617	发货人及纳税人识别号	烟台海盛贸易有限公司 370602112234567

起运地、经由、到达地		起运地：烟台 到达地：九江县			

费用项目及金额	费用项目	金额	费用项目	金额	运输货物信息
	铸件运费	5 600.00			

合计金额	￥5 600.00	税率	11%	税额	￥616.00	机器编号	687898115670

价税合计（大写）	⊗陆仟贰佰壹拾陆元整		（小写）￥6 216.00
车种车号	鲁F 57965	车船吨位	100吨	备注	
主管税务机关及代码	烟台市国家税务局 342776921				

收款人：马红   复核人：   开票人：马红

第二联：抵扣联 购货方扣税凭证

4-4

3700062145 **货物运输业增值税专用发票** No 21654387

此联不作报销、抵扣税凭证使用   开票日期 2015 年 12 月 5 日

承运人及纳税人识别号	烟台市顺发运输公司 370602112358946	密码区	036/0*--82*+5-90880149/>/<32+620-1*/ *+593/71+-82*44774<*+*-86//432/3<0*3 0769-<60<03<*0+15/*64+--7-*3>>*30*+> 9<7*48>2-969930+7501/>/5085/0818>89>
实际受票方及纳税人识别号	九江市盟祥联轴器有限公司 360412664755617		
收货人及纳税人识别号	九江市盟祥联轴器有限公司 360412664755617	发货人及纳税人识别号	烟台海盛贸易有限公司 370602112234567

起运地、经由、到达地		起运地：烟台 到达地：九江县			

费用项目及金额	费用项目	金额	费用项目	金额	运输货物信息
	铸件运费	5 600.00			

合计金额	￥5 600.00	税率	11%	税额	￥616.00	机器编号	687898115670

价税合计（大写）	⊗陆仟贰佰壹拾陆元整		（小写）￥6 216.00
车种车号	鲁F 57965	车船吨位	100吨	备注	
主管税务机关及代码	烟台市国家税务局 342776921				

收款人：马红   复核人：   开票人：马红

第三联：发票联 购货方记账凭证

4-5

<u>收　料　单</u>

年　　月　　日　　　　　　　　　　　　　编号：0001

材料编号	材料名称	规格	材质	单位	数量		实际单价	材料金额	运杂费	合计（材料实际成本）
					发货票	实收				
供货单位			结算方式		合同号		计划单价		材料/计划成本	
备注										

主管：　　　　　质量检验员：　　　　　仓库验收：　　　　　经办人：

第二联　记账（红色）

4-6

中国工商银行**电汇凭证**（回　单）

日期：2015 年 12 月 5 日　　　　　　第 00385426 号

汇款人	全　　称	九江市盟祥联轴器有限公司	收款人	全　　称	烟台海盛贸易有限公司
	账　　号	1507230009024805948		账　　号	82600087567
	汇出地	江西省　九江市		汇入地	山东省　烟台市

金额	人民币（大写）：柒拾伍万捌仟柒佰柒拾陆元整		￥ 758 776.00

汇款用途： 　　购买商品。	留行待取预留 收款人印签

中国工商银行
九江市十里支行
2015.12.05
转讫

上列款项已代进账，如有错误，请持此联来面洽。 汇入行盖章 　年　月　日	上列款项已照收无误。 收款人盖章 　年　月　日	科目（借） 　对方科目（贷） 汇入行解汇日期　年　月　日 复核　记账　出纳

4-7

中国工商银行九江市支行

邮、电、手续费收费凭证（付出传票）

2015年12月5日   第01846617

缴款单位名称：九江市盟祥联轴器有限公司	账号：1507230009024805948	信汇笔数		电汇笔数	
		异地托收信用证	笔数		（邮）
					（电）

邮费金额				电费金额				手续费金额				合计金额					中国工商银行 九江市十里支行 2015.12.05 转讫
百	十	元	角	分	百	十	元	角	分	百	十	元	角	分	千	百	十	元	角	分	
										5	0	0	0	￥	5	0	0	0	

合计金额	人民币（大写）：伍拾元整
	收款银行盖章 年 月 日

5-1

5-2

E061317　　　　　　　　　九江

武昌　K799次　庐山

WuChang　　　　　LuShan

2015年12月04日12:55开　06车089号

￥37.50元　㊏　新空调硬座

限换当日当次车

徐花花

3601211976****722X

25322311080501 E061316

5-3

<table>
<tr><td colspan="7" align="center">湖北省武汉市宾馆旅社住宿发票</td><td>鄂住宿字</td><td>N⸰ 0013974</td></tr>
</table>

湖北省国家税务局
税务监制

旅客单位：**九江市盟祥联轴器有限公司**　　　　　　　　2015年12月4日

姓名	徐花花			住楼号床					备　注	
起讫日期		人数	住宿天数	单价	金　额					
					千	百	十	元	角	分
12.2-3		1	2	150	￥	3	0	0	0	0

合计人民币(大写)⊗ 仟 叁 佰 零 拾 零 元 零 角 零 分　　开户行　　　　账号

湖北省二轻局招待所
业务专用章

单位（盖章）：　　　　　收款：　　　　开票

第二联：发票

5-4

旅 差 费 报 支 单

单位名称＿＿＿＿＿＿　　　　　　年　月　日

出差人姓名			等　人	职别			出差事由								
起			止			地点		摘要 车船 或步行	车船费 金　额	途中伙食补助		宿费 金额	住　费		杂费	备　注
月	日	时	月	日	时	起	止			里程	金额		天数	补助金额		
合			计												合计	
核		支		数											合计	
合计金额（大写）　　　万　　　仟　　　佰　　　拾　　　元　　　角　　　分																

附件（单据）

张

主管　　　　　　　会计　　　　　　　审核　　　　　　报领人

5-5

九江市统一收款收据　　(实习专用)

收款日期　年　月　日　　　№0000（　　）

交款单位		
交款事项	交款方式	
金额（大写）	（￥：　　　　）	
单位 盖章	财务 主管　　　　记账	出纳

第三联　代收款凭单（黄色）

6-1

3600131140　　**江西增值税专用发票**　　No 02430563

开票日期 2015 年 12 月 7 日

购货单位	名　　　称：烟台鑫磊公司 纳税人识别号：370602197725134 地址、电话：烟台市开发区轩海路321号　0535-3341999 开户行及账号：建行烟台市开发区支行 2400037100613200729	密码区	36/*6/>*5/<8*/8->85 88-*632、6024//<5601 83*75379<**8>6539<6 18+81+Q987*6>-185>>23	加密版本：01 3600131140 02430563

货物或应税劳务名称	规格型号	单位	数量	单价	金额	税率	税额
电联轴器甲		台	400	2 900.00	1 160 000.00	17%	197 200.00
电联轴器乙		台	300	3 500.00	1 050 000.00	17%	178 500.00
电联轴器丙		台	100	4 100.00	410 000.00	17%	69 700.00
合　　计					￥2 620 000.00		￥445 400.00

价税合计（大写）	⊗叁佰零陆万伍仟肆佰元整	（小写）￥3 065 400.00

销货单位	名　　　称：九江市盟祥联轴器有限公司 纳税人识别号：360412664755617 地址、电话：九江县出口加工区三宝路2号 0792-8431689 开户行及账号：工行十里支行1507230009024805948	备注	九江市盟祥联轴器有限公司 360412664755617

收款人：　　　　复核：　　　　开票人：史慧　　　　销货单位（章）

第一联：记账联　销货方记账凭证

6-2

中国工商银行电汇凭证（收款通知）

日期：2015 年 12 月 7 日　　　　第 00546733 号

汇款人	全　称	烟台鑫磊公司	收款人	全　称	九江市盟祥联轴器有限公司
	账　号	2400037100613200729		账　号	1507230009024805948
	汇出地	山东省　烟台市		汇入地	江西省　九江市

金额	人民币（大写）：叁佰零陆万伍仟肆佰元整	￥3 065 400.00

汇款用途： 购买商品	留行待取预留 收款人印签	
上列款项如有错误，请持此联来面洽。 汇入行盖章 年　月　日	上列款项已照收无误。 收款人盖章 年　月　日	科目（借） 对方科目（贷） 汇入行解汇日期　年　月　日 复核　　记账　　出纳

中国工商银行
烟台市福海支行
2015.12.07
转讫

6-3

产品出库单

用途： 　　　　　　　　　　　　2015 年 12 月 7 日 　　　　　　　　　　　　编号：001

编号	名称及规格	单位	数量		单位成本	总成本	备注
			申请数量	实发数量			
	电联轴器甲	台	400	400			
	电联轴器乙	台	300	300			
	电联轴器丙	台	100	100			
	合　计						

主管： 　　　　会计： 　　　　发货： 　　　　制单： 　　　　领单：

第二联　记账（红色）

7-1

领 料 单

领料部门：车间 　　　　开票日期 2015 年 12 月 9 日 　　　　字第 0007 号

材料名称	规格	单位	请领数量	实发数量	价格	
					单价	金额
昆仑抗磨液压油		桶	1	1		
用途	车间用		领料部门		发料部门	
			负责人	领料人	核准人	发料人
				熊洁		筱年

第二联　记账（红色）

7-2

领 料 单

领料部门：车间 　　　　开票日期 2015 年 12 月 9 日 　　　　字第 0008 号

材料名称	规格	单位	请领数量	实发数量	价格	
					单价	金额
线切割乳化液		千克	1	1		
用途	车间用		领料部门		发料部门	
			负责人	领料人	核准人	发料人
				熊洁		筱年

第二联　记账（红色）

7-3

领 料 单

领料部门：车间　　　　　开票日期　2015年12月9日　　　　　字第0009号

材料名称	规格	单位	请领数量	实发数量	价格	
					单价	金额
工具		件	12	12		
用途	车间用		领料部门		发料部门	
			负责人	领料人	核准人	发料人
				熊洁		筱年

第二联　记账（红色）

7-4

领 料 单

领料部门：车间　　　　　开票日期　2015年12月9日　　　　　字第0010号

材料名称	规格	单位	请领数量	实发数量	价格	
					单价	金额
工作服		套	56	56		
用途	车间用		领料部门		发料部门	
			负责人	领料人	核准人	发料人
				熊洁		筱年

第二联　记账（红色）

7-5

领 料 单

领料部门：厂长办公室　　　　开票日期　2015年12月9日　　　　字第0011号

材料名称	规格	单位	请领数量	实发数量	价格	
					·单价	金额
管理用具		件	20	20		
用途	行政部门用		领料部门		发料部门	
			负责人	领料人	核准人	发料人
				司敏		筱年

第二联　记账（红色）

7-6

领 料 单

领料部门：销售科　　　　　开票日期　2015 年 12 月 9 日　　　　　字第 0012 号

材料名称	规 格	单 位	请领数量	实发数量	价格	
					单价	金额
工作服		件	52	52		
用途	行政部门用		领料部门		发料部门	
			负责人	领料人	核准人	发料人
				彭然		筱年

7-7

领 料 单

领料部门：销售科　　　　　开票日期　2015 年 12 月 9 日　　　　　字第 0013 号

材料名称	规 格	单 位	请领数量	实发数量	价格	
					单价	金额
包装箱		件	3	3		
用途	销售部门用		领料部门		发料部门	
			负责人	领料人	核准人	发料人
				彭然		筱年

8-1

3100061140　　**上海增值税专用发票**　　№ 06755891

开票日期 2015 年 12 月 10 日

购货单位	名　　称：九江市盟祥联轴器有限公司		密码区	36/*6*>8*5/5/<88->*
	纳税人识别号：360412664755617			88-*630<8*/24//<5601
	地址、电话：九江县出口加工区三宝路2号　0792-8431689			+Q9*6*75379+81>8783*>
	开户行及账号：工行十里支行 1507230009024805948			-185>>2618<**8>6539<6

加密版本：01
3100061140
06755891

货物或应税劳务名称	规格型号	单位	数量	单价	金额	税率	税额
钢材		吨	150	3 640.00	546 000.00	17%	92 820.00
铁板		吨	130	3 810.00	495 300.00	17%	84 201.00
合　　计					￥1 041 300.00		￥177 021.00

价税合计（大写）	⊗壹佰贰拾壹万捌仟叁佰贰拾壹元整	（小写）￥1 218 321.00

销货单位	名　　称：上海青山贸易有限公司	备注	电汇
	纳税人识别号：310114170623878		
	地址、电话：上海市普陀区中山北路18号　021-65824672		
	开户行及账号：建行中山北路支行 11050003402		

收款人：姚立　　　　复核：秦海　　　　开票人：王石　　　　销货单位：（章）

上海青山贸易有限公司　310114170623878　发票专用章

8-2

3100061140　　**上海增值税专用发票**　　№ 06755891

国家统一增值税监制　国家税发票联监制

开票日期 2015 年 12 月 10 日

购货单位	名　　称：九江市盟祥联轴器有限公司		密码区	36/*6*>8*5/5/<88->*
	纳税人识别号：360412664755617			88-*630<8*/24//<5601
	地址、电话：九江县出口加工区三宝路2号　0792-8431689			+Q9*6*75379+81>8783*>
	开户行及账号：工行十里支行 1507230009024805948			-185>>2618<**8>6539<6

加密版本：01
3100061140
06755891

货物或应税劳务名称	规格型号	单位	数量	单价	金额	税率	税额
钢材		吨	150	3 640.00	546 000.00	17%	92 820.00
铁板		吨	130	3 810.00	495 300.00	17%	84 201.00
合　　计					￥1 041 300.00		￥177 021.00

价税合计（大写）	⊗壹佰贰拾壹万捌仟叁佰贰拾壹元整	（小写）￥1 218 321.00

销货单位	名　　称：上海青山贸易有限公司	备注	电汇
	纳税人识别号：310114170623878		
	地址、电话：上海市普陀区中山北路18号　021-65824672		
	开户行及账号：建行中山北路支行 11050003402		

收款人：姚立　　　　复核：秦海　　　　开票人：王石　　　　销货单位：（章）

上海青山贸易有限公司　310114170623878　发票专用章

8-3

3100114760 货物运输业增值税专用发票 No 87654321

此联不作报销、抵扣凭证使用 开票日期：2015 年 12 月 10 日

承运人及纳税人识别号	上海市金鑫运输公司 310114178259632	密码区	036/0*--82*+5-90880149/>/<32+620-1*/ *+593/71+-82*44774<*+*-86//432/3<0*3 0769-<60<03<*0+15/*64+--7-*3>>*30*+> 9<7*48>2-969930+7501/>/5085/0818>89>
实际受票方及纳税人识别号	九江市盟祥联轴器有限公司 360412664755617		
收货人及纳税人识别号	九江市盟祥联轴器有限公司 360412664755617	发货人及纳税人识别号	上海青山贸易有限公司 310114170623878

起运地、经由、到达地 起运地：上海 到达地：九江

费用项目及金额	费用项目	金额	费用项目	金额	运输货物信息
	板材运费	8 200.00			

合计金额	¥8 200.00	税率	11%	税额	¥902.00	机器编号	821235898791

价税合计（大写） ⊗玖仟壹佰零贰元整 （小写）¥9 102.00

车种车号	沪A 35168	车船吨位	280吨	备注	
主管税务机关及代码	上海市青山区国家税务局 142656481				

收款人：李娟 复核人： 开票人：李娟 承运人（章）

8-4

3100114760 货物运输业增值税专用发票 No 87654321

此联不作报销、抵扣凭证使用 开票日期：2015 年 12 月 10 日

承运人及纳税人识别号	上海市金鑫运输公司 310114178259632	密码区	036/0*--82*+5-90880149/>/<32+620-1*/ *+593/71+-82*44774<*+*-86//432/3<0*3 0769-<60<03<*0+15/*64+--7-*3>>*30*+> 9<7*48>2-969930+7501/>/5085/0818>89>
实际受票方及纳税人识别号	九江市盟祥联轴器有限公司 360412664755617		
收货人及纳税人识别号	九江市盟祥联轴器有限公司 360412664755617	发货人及纳税人识别号	上海青山贸易有限公司 310114170623878

起运地、经由、到达地 起运地：上海 到达地：九江

费用项目及金额	费用项目	金额	费用项目	金额	运输货物信息
	板材运费	8 200.00			

合计金额	¥8 200.00	税率	11%	税额	¥902.00	机器编号	821235898791

价税合计（大写） ⊗玖仟壹佰零贰元整 （小写）¥9 102.00

车种车号	沪A 35168	车船吨位	280吨	备注	
主管税务机关及代码	上海市青山区国家税务局 142656481				

收款人：李娟 复核人： 开票人：李娟 承运人（章）

8-5

中国工商银行**电汇凭证**（回　单）

日期：2015 年 12 月 10 日　　　　　　　　　　第 00385427 号

<table>
<tr><td rowspan="3">汇款人</td><td>全　称</td><td>九江市盟祥联轴器有限公司</td><td rowspan="3">收款人</td><td>全　称</td><td>上海青山贸易有限公司</td></tr>
<tr><td>账　号</td><td>1507230009024805948</td><td>账　号</td><td>11050003402</td></tr>
<tr><td>汇出地</td><td>江西省　九江市</td><td>汇入地</td><td>上海市　青山区</td></tr>
<tr><td>金额</td><td colspan="3">人民币（大写）：壹佰贰拾壹万玖仟贰佰贰拾叁元整</td><td colspan="2">￥ 1 219 223.00</td></tr>
<tr><td>汇款用途：</td><td colspan="2">购买商品。</td><td colspan="3">留行待取预留
收款人印鉴</td></tr>
<tr><td colspan="3">上列款项已代进账，如有错
误，请持此联来面洽。</td><td colspan="2">上列款项已照收无误。</td><td>科目（借）
　　对方科目（贷）</td></tr>
<tr><td colspan="3">汇入行盖章
　年　月　日</td><td colspan="2">收款人盖章
　年　月　日</td><td>汇入行解汇日期　年　月　日
复核　　记账　　出纳</td></tr>
</table>

中国工商银行
九江市十里支行
2015.12.10
转讫

8-6

收　料　单

年　　月　　日　　　　　　　　　　　　　　编号：0002

<table>
<tr><td rowspan="2">材料
编号</td><td rowspan="2">材料
名称</td><td rowspan="2">规格</td><td rowspan="2">材质</td><td rowspan="2">单位</td><td colspan="2">数　量</td><td rowspan="2">实际
单价</td><td rowspan="2">材料
金额</td><td rowspan="2">运杂费</td><td rowspan="2">合计（材料
实际成本）</td><td rowspan="7">第二联　记账（红色）</td></tr>
<tr><td>发货票</td><td>实收</td></tr>
<tr><td></td><td></td><td></td><td></td><td></td><td></td><td></td><td></td><td></td><td></td><td></td></tr>
<tr><td colspan="2">供货单位</td><td colspan="3">结算
方式</td><td colspan="2">合同号</td><td>计划
单价</td><td colspan="2">材料/
计划成本</td></tr>
<tr><td>备注</td><td colspan="10"></td></tr>
</table>

主管：　　　　　质量检验员：　　　　　仓库验收：　　　　　经办人：

8-7

中国工商银行九江市支行

邮、电、手续费收费凭证（付出传票）

2015 年 12 月 10 日   第 01846647

缴款单位名称：九江市盟祥联 轴器有限公司	账号：1507230009024805948		信汇笔数		电汇笔数	
			异地托收信用证		笔数	（邮）
						（电）

邮费金额	电费金额	手续费金额	合计金额	
百 十 元 角 分	百 十 元 角 分	百 十 元 角 分	千 百 十 元 角 分	
		7 0 0 0	￥7 0 0 0	中国工商银行 九江市十里支行 2015.12.10 转讫
合计金额	人民币（大写）：柒拾元整			收款银行盖章 年 月 日

9-1

领 料 单

领料部门：车间   开票日期 2015 年 12 月 12 日   字第 0014 号

材料名称	规格	单位	请领数量	实发数量	价格		第二联 记账（红色）
					单价	金额	
钢材		吨	22.2	22.2			
用途	电联轴器甲		领料部门		发料部门		
			负责人	领料人	核准人	发料人	
				熊洁		筱年	

9-2

领　料　单

领料部门：车间　　　　　　　开票日期 2015 年 12 月 12 日　　　　　　　字第 0015 号

材料名称	规　格	单　位	请领数量	实发数量	价格	
					单价	金额
钢材		吨	28	28		
用途	电联轴器乙	领料部门		发料部门		
		负责人	领料人	核准人	发料人	
			熊洁		筱年	

第二联　记账（红色）

9-3

领　料　单

领料部门：车间　　　　　　　开票日期 2015 年 12 月 12 日　　　　　　　字第 0016 号

材料名称	规　格	单　位	请领数量	实发数量	价格	
					单价	金额
钢材		吨	20	20		
用途	电联轴器丙	领料部门		发料部门		
		负责人	领料人	核准人	发料人	
			熊洁		筱年	

第二联　记账（红色）

9-4

领　料　单

领料部门：车间　　　　　　　开票日期 2015 年 12 月 12 日　　　　　　　字第 0017 号

材料名称	规　格	单　位	请领数量	实发数量	价格	
					单价	金额
铁板		吨	21	21		
用途	电联轴器甲	领料部门		发料部门		
		负责人	领料人	核准人	发料人	
			熊洁		筱年	

第二联　记账（红色）

9-5

领 料 单

领料部门：车间 开票日期2015年12月12日 字第0018号

材料名称	规 格	单 位	请领数量	实发数量	价格	
					单价	金额
铁板		吨	24	24		
用途	电联轴器乙		领料部门		发料部门	
			负责人	领料人	核准人	发料人
				熊洁		筱年

第二联 记账（红色）

9-6

领 料 单

领料部门：车间 开票日期2015年12月12日 字第0019号

材料名称	规 格	单 位	请领数量	实发数量	价格	
					单价	金额
铁板		吨	15	15		
用途	电联轴器丙		领料部门		发料部门	
			负责人	领料人	核准人	发料人
				熊洁		筱年

第二联 记账（红色）

9-7

领 料 单

领料部门：车间 开票日期2015年12月12日 字第0020号

材料名称	规 格	单 位	请领数量	实发数量	价格	
					单价	金额
电机甲		台	170	170		
用途	电联轴器甲		领料部门		发料部门	
			负责人	领料人	核准人	发料人
				熊洁		筱年

第二联 记账（红色）

9-8

领 料 单

领料部门：车间　　　　　　开票日期 2015 年 12 月 12 日　　　　　　字第 0021 号

材料名称	规 格	单 位	请领数量	实发数量	价格	
					单价	金额
电机乙		台	200	200		

用途	电联轴器乙	领料部门		发料部门	
		负责人	领料人	核准人	发料人
			熊洁		筱年

第二联　记账（红色）

9-9

领 料 单

领料部门：车间　　　　　　开票日期 2015 年 12 月 12 日　　　　　　字第 0022 号

材料名称	规 格	单 位	请领数量	实发数量	价格	
					单价	金额
电机丙		台	120	120		

用途	电联轴器丙	领料部门		发料部门	
		负责人	领料人	核准人	发料人
			熊洁		筱年

第二联　记账（红色）

10-1

九江地方税务统一发票

付款单位（个人）：九江市盟祥联轴器有限公司　　2015 年 12 月 12 日　　№030311253

企业所属行业	租赁行业	税务登记号	360412664775269

项目：

　　融资租赁费

缴款方式：支票

金额（大写）：壹万壹仟元整　　　　金额（小写）：11 000.00

收款单位：九江市融资公司　　　收款人：刘伟　　　开票人：高天泽　　　（手写无效）

第二联　报销凭证

10-2

中国工商银行
转账支票存根（赣）
000942301

附加信息：＿＿＿＿＿＿＿＿＿＿＿

＿＿＿＿＿＿＿＿＿＿＿＿＿＿＿＿＿

出票日期：　　　年　月　日

| 收款人： |
| 金　额： |
| 用　途： |

单位主管　　　会计

11-1

财务科：

　　生产车间工人万华因违章操作，导致一台电机(乙)损坏，经厂长办公室决定，对其处罚556元。

现金付讫

厂长办公室

2015年12月13日

11-2

九江市统一收款收据　(实习专用)

收款日期　　　　　　　　年　月　日　　　　　　　No0000（　）

交 款 单 位					
交 款 事 项		交 款 方 式			
金额（大写）		(¥:　　　)			
单位盖章		财务主管		记账	出纳

第三联　代收款凭单（黄色）

12-1

3600131140 **江西增值税专用发票** № 02430564

开票日期 2015 年 12 月 14 日

<table>
<tr><td rowspan="4">购货单位</td><td>名　　称：</td><td colspan="4">青岛鹏程工贸有限公司</td><td rowspan="4">密码区</td><td colspan="2">36/*6*>*5/<8*/8->85</td><td>加密版本：01</td></tr>
<tr><td>纳税人识别号：</td><td colspan="4">370607712345579</td><td colspan="2">88-*632.6024//<5601</td><td>3600131140</td></tr>
<tr><td>地址、电话：</td><td colspan="4">青岛市四方区东方路　0532-85632325</td><td colspan="2">83*75379<**8>6539<6</td><td>02430564</td></tr>
<tr><td>开户行及账号：</td><td colspan="4">建行青岛市四方区支行　2400036100613200637</td><td colspan="2">18+81+Q987*6>-185>>23</td><td></td></tr>
<tr><td>货物或应税劳务名称</td><td>规格型号</td><td>单位</td><td>数量</td><td>单价</td><td colspan="2">金额</td><td>税率</td><td colspan="2">税额</td></tr>
<tr><td>电联轴器甲</td><td></td><td>台</td><td>200</td><td>2 900.00</td><td colspan="2">580 000.00</td><td>17%</td><td colspan="2">98 600.00</td></tr>
<tr><td>电联轴器乙</td><td></td><td>台</td><td>300</td><td>3 500.00</td><td colspan="2">1 050 000.00</td><td>17%</td><td colspan="2">178 500.00</td></tr>
<tr><td>电联轴器丙</td><td></td><td>台</td><td>300</td><td>4 100.00</td><td colspan="2">1 230 000.00</td><td>17%</td><td colspan="2">209 100.00</td></tr>
<tr><td>合　　计</td><td></td><td></td><td></td><td></td><td colspan="2">￥2 860 000.00</td><td></td><td colspan="2">￥486 200.00</td></tr>
<tr><td>价税合计（大写）</td><td colspan="5">⊗叁佰叁拾肆万陆仟贰佰元整</td><td colspan="2">（小写）￥3 346 200.00</td><td></td></tr>
<tr><td rowspan="4">销货单位</td><td>名　　称：</td><td colspan="4">九江市盟祥联轴器有限公司</td><td rowspan="4">备注</td><td colspan="2" rowspan="4"></td></tr>
<tr><td>纳税人识别号：</td><td colspan="4">360412664755617</td></tr>
<tr><td>地址、电话：</td><td colspan="4">九江市出口加工区三宝路2号　8431689</td></tr>
<tr><td>开户行及账号：</td><td colspan="4">工行九江市十里支行　1507230009024805948</td></tr>
</table>

收款人：　　　　　复核：　　　　　开票人：史慧　　　　　销货单位：（章）

第一联：记账联　销货方记账凭证

12-2

产 品 出 库 单

用途：　　　　　2015 年 12 月 14 日　　　　　编号：001

<table>
<tr><td rowspan="2">编号</td><td rowspan="2">名称及规格</td><td rowspan="2">单位</td><td colspan="2">数量</td><td rowspan="2">单位成本</td><td rowspan="2">总成本</td><td rowspan="2">备注</td></tr>
<tr><td>申请数量</td><td>实发数量</td></tr>
<tr><td></td><td>电联轴器甲</td><td>台</td><td>200</td><td>200</td><td></td><td></td><td></td></tr>
<tr><td></td><td>电联轴器乙</td><td>台</td><td>300</td><td>300</td><td></td><td></td><td></td></tr>
<tr><td></td><td>电联轴器丙</td><td>台</td><td>300</td><td>300</td><td></td><td></td><td></td></tr>
<tr><td colspan="2">合　计</td><td></td><td></td><td></td><td></td><td></td><td></td></tr>
<tr><td></td><td></td><td></td><td></td><td></td><td></td><td></td><td></td></tr>
</table>

主管：　　　　　会计：　　　　　发货：　　　　　制单：　　　　　领单：

第二联 记账（红色）

13

江西省地方税务局通用机打发票

江西省 6 发票联

鱼头酒店 发票专用章
36040319640824003

发票代码：23600150701
发票号码：11187866
机打号：11187866
密码：

客户名称：
机器编号：02315001067933
收款单位：九江市盟祥联轴器有限公司
税号：360403196408240033
开票日期：2015-12-15
付款单位：

项目 餐费
数量 1
单价 280.00
金额 280.00

行业分类：通用发票 ￥280.00
小写合计：
大写合计：贰佰捌拾元无整
税控码：0413 5502 6324 0668 0668

赣地税批印（2014）第 000111 号 13650 卷 (200×1)
江西邮政印务中心印制

14-1

中华人民共和国

（国）

税收电子转账专用完税证 （20131）赣国电

填发日期 2015 年 12 月 15 日

税务登记代码	360412664755617	征收机关	浔阳区国税-管理二科
纳税人全称	九江市盟祥联轴器有限公司	收款银行（邮局）	工商银行十里支行
税（费）种	税款所属时期		实缴金额
增值税	2015 年 11 月 1 日至 2015 年 11 月 30 日		187 306.16
金额合计	（大写）壹拾捌万柒仟叁佰零陆元壹角陆分		￥187 306.16

江西国家税务局 征税专用章

中国工商银行
收款银行（邮局）九江市十里支行
（盖章）2015.12.15
转讫

签手人
（签章刘海）

备注

电子申报
372106011949867
621820
337001987496048

电脑打印 手工无效

14-2

中华人民共和国

地

税收电子转账专用完税证 （20131）赣地电

填发日期 2015 年 12 月 15 日

税务登记代码	360412664755617	征收机关		浔阳区地税-管理二科
纳税人全称	九江市盟祥联轴器有限公司	收款银行（邮局）		工商银行十里支行
税（费）种	税款所属时期			实缴金额
城市维护建设税	2015 年 11 月 1 日至 2015 年 11 月 30 日			13 111.43
教育费附加	2015 年 11 月 1 日至 2015 年 11 月 30 日			5 619.18
个人所得税	2015 年 11 月 1 日至 2015 年 11 月 30 日			813.00
金额合计	（大写）壹万玖仟伍佰肆拾叁元陆角壹分			￥19 543.61
税务机关	收款银行（邮局） 2015.12.15 （盖章）	经手人 刘海 （签章）	备注	工商银行十里支行 （营业部） 337001987496048
电脑打印		手工无效		

中国工商银行
九江市十里支行
转讫

此凭证仅作纳税人完税凭证，此外无效

15

中国石油化工股份有限公司
江西九江分公司机打发票

发票代码 13604124610
发票号码 01464405
购货单位　　　时间　　　开票员

商品编号	摘要	数量	单价
发票号：01464421			
商品：93#汽			
单价：6.28元/升			
数量：63.69升			
金额：￥400.00元			
时间：2015-12-16　18：20：14			
开票员：255			
金额大写：￥肆佰元整			
祝你一路平安，多谢惠顾！			
金额（小写）：			

人民币大写：

有效期至 2016 年 7 月
监督电话：0792-8565550
0792-8586371
地址：九江市浔阳东路 157 号

中国石油化工股份有限公司江西九江分公司税务局监制

九江盟祥有限公司江西九江盟祥公司
360403716525398
发票专用章

16-1

九江地方税务统一发票

地方税票局联

付款单位（个人）：**九江市盟祥联轴器有限公司**　　　2015 年 12 月 16 日　　　№030319081

企业所属行业	科研单位	税务登记号	360412664775731
项目：　　　　技术费			
缴款方式：支票			
金额（大写）：**贰万捌仟元整**　　　　　金额（小写）：28 000.00			

收款单位：**九江市707研究所**　　　收款人：**张力力**　　　开票人：**田　玲**　　　（手写无效）

第二联 报销凭证

16-2

```
        中国工商银行
      转账支票存根（赣）
         000942302
附加信息：_____
        _____
出票日期：　　　年　月　日
┌──────────────────┐
│ 收款人：　　　　　　　　│
├──────────────────┤
│ 金　额：　　　　　　　　│
├──────────────────┤
│ 用　途：　　　　　　　　│
└──────────────────┘
单位主管　　　会计
```

17-1

3700062140 **江西增值税专用发票** № 06724871

开票日期 2015 年 12 月 16 日

购货单位	名 称：九江市盟祥联轴器有限公司 纳税人识别号：360412664755617 地址、电话：九江县出口加工区三宝路2号 0792-8431689 开户行及账号：工行十里支行 1507230009024805948					密码区	36/*6*>*5/<8*/8->85 88-*632.6024//<5601 83*75379<**8>6539<6 18+81+Q987*6>-185>>26	加密版本：01 3700062140 06724871
货物或应税劳务名称	规格型号	单位	数量	单价	金额	税率	税额	
修理费					10 000.00	17%	1 700.00	
合 计					￥10 000.00		￥1 700.00	
价税合计（大写）	⊗壹万壹仟柒佰元整					（小写）￥11 700.00		
销货单位	名 称：九江市诚信修理厂 纳税人识别号：360412664745357 地址、电话：九江市十里大道235号 0792-8564328 开户行及账号：农行庐山区支行 82600088792				备注	转账支票		

收款人：刘磊　　　复核：李华　　　开票人：王海　　　销货单位：（章）

（九江市诚信修理厂 370602117645357 销货专用章）

17-2

3700062140 **江西增值税专用发票** № 06724871

开票日期 2015 年 12 月 16 日

购货单位	名 称：九江市盟祥联轴器有限公司 纳税人识别号：360412664755617 地址、电话：九江县出口加工区三宝路2号 0792-8431689 开户行及账号：工行十里支行 1507230009024805948					密码区	36/*6*>*5/<8*/8->85 88-*632.6024//<5601 83*75379<**8>6539<6 18+81+Q987*6>-185>>26	加密版本：01 3700062140 06724871
货物或应税劳务名称	规格型号	单位	数量	单价	金额	税率	税额	
修理费					10 000.00	17%	1 700.00	
合 计					￥10 000.00		￥1 700.00	
价税合计（大写）	⊗壹万壹仟柒佰元整					（小写）￥11 700.00		
销货单位	名 称：九江市诚信修理厂 纳税人识别号：360412664745357 地址、电话：九江市十里大道235号 0792-8564328 开户行及账号：农行庐山区支行 82600088792				备注	转账支票		

收款人：刘磊　　　复核：李华　　　开票人：王海　　　销货单位：（章）

（九江市诚信修理厂 370602117645357 销货专用章）

17-3

中国工商银行

转账支票存根（赣）

000942303

附加信息：＿＿＿＿＿＿＿＿＿＿＿

＿＿＿＿＿＿＿＿＿＿＿＿＿＿＿＿

出票日期： 年 月 日

| 收款人： |
| 金 额： |
| 用 途： |

单位主管 会计

18-1

3700061140　　山东增值税专用发票　　№ 07834684

发票联

开票日期2015年12月17日

购货单位	名 称：九江市盟祥联轴器有限公司				密码区	36/*6*>*/8->*5/<885	加密版本：01
	纳税人识别号：360412664755617					88-*630<8*/24//<5601	3700062140
	地址、电话：九江县出口加工区三宝路2号　0792-8431689					*75379<**8>6539<683	07834684
	开户行及账号：工行十里支行　1507230009024805948					-185>>2618+81+Q9*6>87	

货物或应税劳务名称	规格型号	单位	数量	单价	金额	税率	税额
电机	甲	台	350	248.00	86 800.00	17%	14 756.00
电机	乙	台	400	556.00	222 400.00	17%	37 808.00
电机	丙	台	240	776.00	186 240.00	17%	31 660.00
合 计					￥495 440.00		￥84 224.80

价税合计（大写）	⊗伍拾柒万玖仟陆佰陆拾肆元捌角	（小写）￥579 664.80

销货单位	名 称：威海凤祥贸易有限公司		备注	托收承付
	纳税人识别号：371002780400001			
	地址、电话：威海市解放路17号　0631-5235503			
	开户行及账号：农行解放路支行　56012364011			

收款人：高琴　　复核：宋运　　开票人：张天　　销货单位：（章）

第二联：抵扣联 购货方扣税凭证

18-2

3700061140 山东增值税专用发票 No 07834684

开票日期2015年12月17日

购货单位	名　称：九江市盟祥联轴器有限公司					密码区	36/*6*>*/8->*5/<885 88-*630<8*/24//<5601 *75379<**8>6539<683 -185>>2618+81+Q9*6>87	加密版本：01 3700062140 07834684
	纳税人识别号：360412664755617							
	地址、电话：九江县出口加工区三宝路2号 0792-8431689							
	开户行及账号：工行十里支行 1507230009024805948							

货物或应税劳务名称	规格型号	单位	数量	单价	金额	税率	税额
电机	甲	台	350	248.00	86 800.00	17%	14 756.00
电机	乙	台	400	556.00	222 400.00	17%	37 808.00
电机	丙	台	240	776.00	186 240.00	17%	31 660.00
合　计					￥495 440.00		￥84 224.80

价税合计（大写）	⊗伍拾柒万玖仟陆佰陆拾肆元捌角	（小写）￥579 664.80

销货单位	名　称：威海凤祥贸易有限公司	备注	托收承付
	纳税人识别号：371002780400001		
	地址、电话：威海市解放路17号 0631-5235503		
	开户行及账号：农行解放路支行 56012364011		

收款人：高琴　　复核：宋运　　开票人：张天

销货单位（章） 威海凤祥贸易有限公司 税号：371002780400001

第三联：发票联 购货方记账凭证

18-3

3700062178 货物运输业增值税专用发票 No 21654537

此联不作报销、抵扣税凭证使用 开票日期：2015年12月17日

承运人及纳税人识别号	威海天天发运输公司 370602112376955			密码区	036/0*--82*+5-90880149/>/<32+620-1*/ *+593/71+-82*44774<*+-86//432/3<0*3 0769-<60<03<*0+15/*64+--7-*3>>*30*+> 9<7*48>2-969930+7501>/5085/0818>89>
实际受票方及纳税人识别号	九江市盟祥联轴器有限公司 360412664755617				
收货人及纳税人识别号	九江市盟祥联轴器有限公司 360412664755617	发货人及纳税人识别号	威海凤祥贸易有限公司 371002780400001		

起运地、经由、到达地	起运地：威海 到达地：九江				

费用项目及金额	费用项目	金额	费用项目	金额	运输货物信息
	电机运费	3 300.00			

合计金额	￥3 300.00	税率	11%	税额	￥363.00	机器编号	757898115643

价税合计（大写）	⊗叁仟陆佰陆拾叁元整	（小写）￥3 663.00

车种车号	鲁K 37928	车船吨位	68吨	备注	
主管税务机关及代码	威海市国家税务局 342776979				

收款人：李小亚　　复核人：　　开票人：陈飞

威海天天发运输公司 370602112376955 发票专用章

开票人（章）

第二联：抵扣联 购货方扣税凭证

18-4

3700062178 **货物运输业增值税专用发票** № 21654537

此联不作报销、退税凭证使用 开票日期：2015 年 12 月 17 日

承运人及纳税人识别号	威海天天发运输公司 370602112376955	密码区	036/0*--82*+5-90880149/>/<32+620-1*/ *+593/71+-82*44774<*+*-86//432/3<0*3 0769-<60<03<*0+15/*64+--7-*3>>*30*+> 9<7*48>2-969930+7501//5085/0818>89>
实际受票方及纳税人识别号	九江市盟祥联轴器有限公司 360412664755617		
收货人及纳税人识别号	九江市盟祥联轴器有限公司 360412664755617	发货人及纳税人识别号	威海凤祥贸易有限公司 371002780400001

起运地、经由、到达地	起运地：威海 到达地：九江				
费用项目及金额	费用项目	金额	费用项目	金额	运输货物信息
	电机运费	3 300.00			

合计金额	￥3 300.00	税率	11%	税额	￥363.00	机器编号	757898115643
价税合计（大写）	⊗叁仟陆佰陆拾叁元整						￥3 063.00
车种车号	鲁 K 37928		车船吨位	68 吨	备注		
主管税务机关及代码	威海市国家税务局 342776979						370602112376955

收款人：李小亚 复核人： 开票人：陈飞

注：此处运费平均分配。

18-5

中国工商银行**托收凭证**（付款通知） **5**

委托日期：2015 年 12 月 15 日 第 00793562 号

业务类型		委托收款（□邮划、□电划） 托收承付（□邮划、☑电划）		
付款人	全 称	九江市盟祥联轴器有限公司	收款人	全 称	威海凤祥贸易有限公司
	账号或地址	1507230009024805948		账号或地址	56012364011
	开户银行	工行十里支行		开户银行	农行解放路支行

| 金额 | 人民币（大写）伍拾柒万玖仟陆佰陆拾肆元捌角 | 千 | 百 | 十 | 万 | 千 | 百 | 十 | 元 | 角 | 分 |
| | | | | ￥ | 5 | 7 | 9 | 6 | 6 | 4 | 8 | 0 |

| 款项内容 | 货款 | 附寄单证张数 | 2张 |
| 商品发运情况 | | 合同名称号码 | |

| 备注： 付款人开户银行收到日期 到期 2015.12.18 日期 年收到 日 2015.12.15 日期 月 日 复核 记账 | 付款人开户银行签章 中国工商银行九江市十里支行 委托收款专用章 | 付款人注意： 1.根据支付结算办法，上列委托收款（托收承付）款项在付款期限内未提出拒付，即视为同意付款，以此代付款通知。 2.如需提出全部或部分拒付，应在规定期限内，将拒付理由书并附债务证明退交开户银行。 |

18-6

收 料 单

年　月　日

编号：0003

材料编号	材料名称	规格	材质	单位	数量		实际单价	材料金额	运杂费	合计（材料实际成本）
					发货票	实收				
供货单位			结算方式				合同号		计划单价	材料/计划成本
备注										

主管：　　　　　质量检验员：　　　　　仓库验收：　　　　　经办人：

第二联　记账（红色）

19-1

3600133140　　**江西增值税专用发票**　　№ 02203335

开票日期：2015 年 12 月 18 日

购货单位	名　　称：九江市盟祥联轴器有限公司 纳税人识别号：36041266475617 地址、电话：九江县出口加工区三宝路2号　0792-8431689 开户行及账号：工行十里支行　1507230009024805948	密码区	>266<40>31604>7<30>-1 8/+7>67+787*51*9>468* 4508539-9423730/6/8*- +8449772*6122>67/>>-6	加密版本：01 3600131140 02203335

货物或应税劳务名称	规格型号	单位	数量	单价	金额	税率	税额
昆仑抗磨液压油	170kg	桶	1	1 829.0598291	1 829.06	17%	310.94
线切割乳化液	15kg	千克	10	188.03418803	1 880.34	17%	319.66
合　　计					￥3 709.40		￥630.60

价税合计（大写）　⊗肆仟叁佰肆拾元整	（小写）￥4 340.00

销货单位	名　　称：九江市长海润滑油销售中心 纳税人识别号：360402741971269 地址、电话：九江市十里大道858号　0792-8265027 开户行及账号：工行十里支行 1507230009024819338	备注	九江市长海润滑油销售中心 360402741971269 发票专用章

收款人：　　　　　复核：　　　　　开票人：罗娟　　　　　销货单位：（章）

第二联：抵扣联　购货方扣税凭证

19-2

3600133140 **江西增值税专用发票** № 02203335

开票日期：2015 年 12 月 18 日

购货单位	名　　称：九江市盟祥联轴器有限公司	密码区	>266<40>31604>7<30>-1	加密版本：01
	纳税人识别号：360412664755617		8/+7>67+787*51*9>468*	3600131140
	地　址、电话：九江县出口加工区三宝路2号　0792-8431689		4508539-9423730/6/8*-	02203335
	开户行及账号：工行十里支行　1507230009024805948		+8449772*6122>67/>>-6	

货物或应税劳务名称	规格型号	单位	数量	单价	金额	税率	税额
昆仑抗磨液压油	170kg	桶	1	1 829.0598291	1 829.06	17%	310.94
线切割乳化液	15kg	千克	10	188.03418803	1 880.34	17%	319.66
合　　计					￥3 709.40		￥630.60

价税合计（大写）	⊗肆仟叁佰肆拾元整	（小写）￥4 340.00

销货单位	名　　称：九江市长海润滑油销售中心	备注	
	纳税人识别号：360402741971269		
	地　址、电话：九江市十里大道858号　0792-8265027		
	开户行及账号：工行十里支行15072300090248193387		

收款人：　　　　复核：　　　　开票人：罗娟　　　　销货单位：（章）

19-3

中国工商银行

转账支票存根（赣）

000942304

附加信息：＿＿＿＿＿＿＿＿＿＿

＿＿＿＿＿＿＿＿＿＿＿＿＿＿

出票日期：　　　年　　月　　日

收款人：	
金　额：	
用　途：	

单位主管　　　　会计

19-4

收　料　单

年　月　日

编号：0004

材料编号	材料名称	规格	材质	单位	数　量		实际单价	材料金额	运杂费	合计（材料实际成本）
					发货票	实收				
供货单位				结算方式			合同号		计划单价	材料/计划成本
备注										

主管：　　　　质量检验员：　　　　仓库验收：　　　　经办人：

第二联　记账（红色）

20

财 产 清 查 报 告 单

2015年12月19日

№1100

产品名称	单位	单价	账面数量	实物数量	盘盈		盘亏		盘亏原因
					数量	金额	数量	金额	
包装箱	个	200.00	7	5			2	400.00	待查
合　计								400.00	

21-1

工资结算汇总表

2015 年 12 月   单位：元

车间或部门		基本工资	岗位工资	绩效工资	加班费	津贴、补贴		应扣工资		应付工资	代扣款项					实发工资
						夜班补贴	物价补贴	病假	事假		医疗保险费(2%)	养老保险费(8%)	失业保险费(0.5%)	住房公积金(8%)	个人所得税	
基本生产车间	生产工人	118 950	10 800	31 875	3 000	3 750	5 625			174 000	2 379	9 516	594.75	9 516	14 620.68	137 373.57
	管理人员	6 000	430	810			750			7 990	120	480	30	480	20.63	6 859.37
	小计	124 950	11 230	32 685	3 000	3 750	6 375			181 990	2 499	9 996	624.75	9 996	14 641.31	144 232.94
行政部门	厂长办公室	6 500	325	150			750			7 725	130	520	32.50	520	19.25	6 503.25
	财务科	8 000	485	225			1 125			9 835	160	640	40	640		8 355.00
	小计	14 500	810	375			1 875			17 560	290	1 160	72.50	1 160	19.25	14 858.25
销售部门	销售科	6 000	520	2 450			750			9 720	120	480	30	480	111.01	8 498.99
	门市部	3 000	260	1 225			375			4 860	60	240	15	240	55.50	4 249.50
	小计	9 000	780	3 675			1 125			14 580	180	720	45	720	166.51	12 748.49
供应科		5 500	315	150			750			6 715	110	440	27.50	440		5 697.50
仓库		2 500	150	75			375			3 100	50	200	12.50	200		2 637.50
合 计		156 450	13 285	36 960	3 000	3 750	10 500			223 945	3 129	12 516	782.25	12 516	14 827.07	180 174.68

21-2

中国工商银行

转账支票存根（赣）

000942305

附加信息：＿＿＿＿＿＿＿＿＿＿＿＿＿

＿＿＿＿＿＿＿＿＿＿＿＿＿＿＿＿＿＿＿

＿＿＿＿＿＿＿＿＿＿＿＿＿＿＿＿＿＿＿

出票日期：　　　年　　月　　日

收款人：	
金　额：	
用　途：	

单位主管　　　　会计

22-1

保险业专用发票

统一发票版
发方税务局联

开票日期 2015 年 12 月 20 日

第二联 报销凭证

| 付款人：九江市盟祥联轴器有限公司 |
| 承保险种：机动车交通事故强制责任保险 |
| 保险单号：PDDH20092101080400819 |
| 保险费金额：（大写）壹万元整　　　¥10 000.00 |
| 附注：支票 |

中国太平洋保险股份公司
转账收讫

经手人：李 利　　　　复核：张发明　　　　保险公司签章：太平洋保险公司

（手写无效）

22-2

中国工商银行

转账支票存根（赣）

000942306

附加信息：_____

_____

出票日期：　　年　月　日

| 收款人： |
| 金　额： |
| 用　途： |

单位主管　　　　会计

23-1

罚款单

九江市盟祥联轴器有限公司：

　　由于该公司排放废旧物资没有达到环保要求，特处罚金 3 000.00 元，并责令限期改正。

九江环保监管所
财务专用章

九江环保监管所

2015 年 12 月 20 日

23-2

```
┌─────────────────────────────────┐
│         中国工商银行              │
│       转账支票存根（赣）         │
│         000942307               │
│                                 │
│  附加信息：_____       │
│                                 │
│  _____       │
│                                 │
│  出票日期：    年  月  日        │
│  ┌──────────────────────────┐   │
│  │ 收款人：                 │   │
│  ├──────────────────────────┤   │
│  │ 金  额：                 │   │
│  ├──────────────────────────┤   │
│  │ 用  途：                 │   │
│  └──────────────────────────┘   │
│  单位主管      会计             │
└─────────────────────────────────┘
```

24-1

九 江 市 住 房 公 积 金 缴 款 书

2015 年 12 月 22 日　　　　　　　　　附变更清册　　　张

缴款单位	九江市盟祥联轴器有限公司	住房公积金账号 1507230009024805948		项目		比例	金额
缴款项目	年度	月份	金额	备注	个人	8%	12 600
			百 十 万 千 百 十 元 角 分		单位	8%	12 600
住房公积金	2015	11	￥ 2 5 2 0 0 0 0				
大写	贰万伍仟贰佰元整						
项目	上月已缴		本月增加		本月减少		本月汇缴
	金额		人数 金额		人数 金额		人数 金额
住房公积金							

收款单位（盖章）　　　　收款单位经办人（章 高 玉）　　　　缴款单位经办人（章 韩 虹）

24-2

江西省社会保险费专用收款票据

NO：242004364901

缴费单位：九江市盟祥联轴器有限公司　　　经济类别：3604126647　有限　　　　单位：元

缴费项目	起始年月	终止年月	人数	单位缴纳额	个人缴纳额	滞纳金	利息	合计金额
医疗保险	2015.11.1	2015.11.30	28	15 750	3 150			18 900
养老保险	2015.11.1	2015.11.30	28	31 500	12 600			44 100
失业保险	2015.11.1	2015.11.30	28	2 362.5	787.5			3 150
			转账收讫					
人民币（合计大写）陆万陆仟壹佰伍拾元整							￥66 150.00	

收款单位（章）　　财务复核人：张翔　业务复核人：杨伟　操作员：01　开据时间：2015.12.22

第一联　收据

25-1

领 料 单

领料部门：车间　　　　　开票日期 2015 年 12 月 23 日　　　　　字第 0023 号

材料名称	规格	单位	请领数量	实发数量	价格	
					单价	金额
电机甲		台	180	180		
用途	电联轴器甲		领料部门		发料部门	
			负责人	领料人	核准人	发料人
				熊洁		筱年

第二联　记账（红色）

25-2

领 料 单

领料部门：车间　　　　　　开票日期 2015 年 12 月 23 日　　　　　　字第 0024 号

材料名称	规 格	单 位	请领数量	实发数量	价格	
					单价	金额
电机乙		台	200	200		

用途		领料部门		发料部门	
电联轴器乙	负责人	领料人	核准人	发料人
		熊洁		筱年

第二联　记账（红色）

25-3

领 料 单

领料部门：车间　　　　　　开票日期 2015 年 12 月 23 日　　　　　　字第 0025 号

材料名称	规 格	单 位	请领数量	实发数量	价格	
					单价	金额
电机丙		台	120	120		

用途		领料部门		发料部门	
电联轴器丙	负责人	领料人	核准人	发料人
		熊洁		筱年

第二联　记账（红色）

25-4

领 料 单

领料部门：车间　　　　　　开票日期 2015 年 12 月 23 日　　　　　　字第 0026 号

材料名称	规 格	单 位	请领数量	实发数量	价格	
					单价	金额
铸件		吨	105	105		

用途		领料部门		发料部门	
生产三种产品	负责人	领料人	核准人	发料人
		熊洁		筱年

第二联　记账（红色）

26-1

九江地方税务统一发票

付款单位（个人）：**九江市盟祥联轴器有限公司**　　　2015年12月24日　　　№030319679

企业所属行业	**广告行业**	税务登记号	360412664775469

项目：
　　　广告费

缴款方式：**支票**

金额（大写）：**柒仟伍佰元整**　　　　　　金额（小写）：7 500.00

收款单位：**九江广告公司**　　　收款人：**王　佳**　　　开票人：**于　刀**　　　（手写无效）

第二联　报销凭证

26-2

中国工商银行

转账支票存根（赣）

000942308

附加信息：_____

_____

出票日期：　　　　年　月　日

收款人：	
金　额：	
用　途：	

单位主管　　　会计

27

中国工商银行九江市支行

邮、电、手续费收费凭证（付出传票）

2015 年 12 月 24 日   第 01846617

缴款单位名称：九江市盟祥联轴器有限公司	账号：1507230009024805948	信汇笔数		电汇笔数	
		异地托收信用证	笔数		（邮）
					（电）

邮费金额				电费金额				手续费金额				合计金额				
百	十	元	角	分	百	十	元	角	分	百	十	元	角	分	千	百	十	元	角	分

手续费金额：1 0 0 0 0　合计金额：¥ 1 0 0 0 0

合计金额	人民币（大写）：壹佰元整	收款银行盖章　　　年　月　日

中国工商银行
九江市十里支行
2015.12.24
转讫

28

中国工商银行**托收凭证**（收账通知）   **4**

委托日期：2015 年 12 月 20 日   第 00793563

业务类型		委托收款（□邮划、□电划）		托收承付（□邮划、☑电划）	
付款人	全　　称	青岛鹏程工贸有限公司	收款人	全　　称	九江市盟祥联轴器有限公司
	账号或地址	2400036100613200637		账号或地址	1507230009024805948
	开户银行	建行青岛市四方区支行		开户银行	工行十里支行

金额	人民币（大写）叁佰贰拾贰万陆仟贰佰元整	千	百	十	万	千	百	十	元	角	分
		¥	3	2	2	6	2	0	0	0	0

款项内容	货款	附寄单证张数	
商品发运情况		合同名称号码	

备注：

上列款项已划回收入你方账户内。

中国工商银行
九江市十里支行
2015.12.24
转讫

收款人开户银行盖章　　　年　月　日

复核　　　记账　　　记账

此联收款人开户银行作收账通知

29

托收凭证（付款通知）　**5**

委托日期：2015 年 12 月 18 日　　　　付款期限 2015 年 12 月 25 日

业务类型		委托收款（☑邮划、□电划）　托收承付（□邮划、□电划）														
付款人	全　称	九江市盟祥联轴器有限公司	收款人	全　称		九江市邮电局										
	账　号	1507230009024805948		账　号		1507230008043602175										
	地　址	九江市　开户行　工商十里支行		地　址		九江市　开户行　工商大中大支行										
托收金额	人民币（大写）	壹仟贰佰元整			千	百	十	万	千	百	十	元	角	分
								¥ 1	2	0	0	0	0

款项内容	电话费	托收凭据名称	委托收款	附寄单证张数	1 张
商品发运情况				合同名称号码	

备注： 付款人开户银行收到日期	付款人开户银行签章 中国工商银行 九江市十里支行 2015.12.25 结算专用章	付款单位注意： 1.根据结算办法，上列委托收款（托收承付），如在付款期限内未拒付，即视同全部同意付款，以此代付款通知 2.如系全部或部分拒付，应在付款期限内，将拒付理由书并附债务证明退交开户银行
年　月　日 复核　　记账		

此联是付款人开户行给付款人按期付款的通知

30

中国邮政 CHINA POST 江西省地方税务局通用机打发票

发票联

发票代码 236001249403
发票号码 10148106

开票日期：2015.12.27　　　　行业分类：邮政业务

付款方名称：九江市盟祥联轴器有限公司				
项目名称	邮件号码	数　量	金　额	备　注
报刊			288.00	

金额合计（大写）：贰佰捌拾捌元整　　　　（小写）：¥288.00
收款方名称：九江县柴桑邮政支局　　　　开票人：胡　娟

370101705513324
发票专用章
3701000052657

第一联　发票联（购货单位付款凭证）（手开无效）

31

财务科：

　　经查实确认盘亏包装箱属于保管不善丢失，现批转予以转账。

厂长办公室
2015 年 12 月 28 日

32-1

生产车间：

　　将 10 吨钢材下角料作为废料入库，每吨价值 1 500 元，电联轴器甲、电联轴器乙和电联轴器丙的废料分别为 3 吨、4 吨和 3 吨，同时将电联轴器甲出现的有裂纹钢材 0.2 吨作为废料入库，又领取钢材 0.2 吨作为修复使用。

厂长办公室
2015 年 12 月 30 日

32-2

收 料 单

年 月 日

编号：0005

材料 编号	材料 名称	规格	材质	单位	数　量		实际 单价	材料 金额	运杂费	合计（材料 实际成本）	第二联　记账（红色）
					发货票	实收					
供货单位			结算 方式		合同号		计划 单价		材料/ 计划成本		
备注											

主管：　　　　　　质量检验员：　　　　　　仓库验收：　　　　　　经办人：

32-3

领 料 单

领料部门：车间   开票日期2015年12月30日   字第0027号

材料名称	规格	单位	请领数量	实发数量	价格	
					单价	金额
钢材		吨	0.2	0.2		

用途	修复电联轴器甲	领料部门		发料部门	
		负责人	领料人	核准人	发料人
			焦洁		筱年

33-1

周转材料耗用汇总表

年 月 日   单位：元

领用部门（产品）	昆仑抗磨液压油（桶）		线切割乳化液（斤）		工具（个）		工作服（套）		管理用具（个）		包装箱（个）		合计
	数量	金额	数量	金额	数量	金额	数量	金额	数量	金额	数量	金额	
基本车间													
行政部门													
销售部门													
合计													

注：由于液压油和乳化液金额较小，直接计入制造费用。

33-2

原材料耗用汇总表

年 月 日 单位：元

材料名称 / 领料部门及用途		基本生产车间			合 计
		电联轴器甲	电联轴器乙	电联轴器丙	
钢材	数 量				
	单位成本				
	金 额				
铁板	数 量				
	单位成本				
	金 额				
电机甲	数 量				
	单位成本				
	金 额				
电机乙	数 量				
	单位成本				
	金 额				
电机丙	数 量				
	单位成本				
	金 额				
铸件	定额耗用量				
	分配率				
	实际耗用量				
	单位成本				
	金 额				
合 计					

34-1

3600131140 江西增值税专用发票 No 02430565

开票日期 2015 年 12 月 30 日

购货单位	名　　称：九江市桑晟废品公司					密码区	36/*6*>*5/<8*/8->85　加密版本：01
	纳税人识别号：360412725536849						88-*632.6024//<5601　3600131140
	地址、电话：九江市三马路256号　0792-8563327						83*75379<**8>6539<6　02430565
	开户行及账号：建行九江市浔阳区支行　2400015698543265246						18+81+Q987*6>-185>>23

货物或应税劳务名称	规格型号	单位	数量	单价	金额	税率	税额
废钢		吨	10	1 600.00	16 000.00	17%	2 720.00
合　计					￥16 000.00		￥2 720.00

价税合计（大写）	⊗壹万捌仟柒佰贰拾元整	（小写）￥18 720.00

销货单位	名　　称：九江市盟祥联轴器有限公司		备注	现金收讫
	纳税人识别号：360412664755617			
	地址、电话：九江县出口加工区三宝路2号　0792-8431689			
	开户行及账号：工行十里支行　1507230009024805948			

收款人：　　　　复核：　　　　开票人：史慧　　　　销货单位：（章）

九江市盟祥联轴器有限公司
360412664755617
发票专用章

34-2

领　料　单

领料部门：　　　　开票日期　　年　月　日　　　　字第0028号

材料编号	材料名称	规格	单位	请领数量	实发数量	计划价格	
第						单价	金额

用途		领料部门		发料部门	
		负责人	领料人	核准人	发料人

34-3

九江市统一收款收据　　　　（实习专用）

收款日期　　年　月　日　　　　　№0000（　　）

交款单位			
交款事项		交款方式	
金额（大写）		（¥：　　　　）	
单位盖章		财务主管	记账　　　　　　出纳

第三联　代收款凭单（黄色）

34-4

ICBC ㊎ 中国工商银行　　　　　　　　**现金存款凭条**

日期：　　　年　月　日　　　　　　　0027483

存款人	全　称		款项来源	
	账　号			
	开户行		交款人	

金额（大写）		金额（小写）	亿	千	百	十	万	千	百	十	元	角	分

票面	张数	十	万	千	百	十	元	票面	张数	千	百	十	元	角	分	备注
壹佰元								伍　角								
伍拾元								贰　角								
贰拾元								壹　角								
拾　元								伍　分								
伍　元								贰　分								
贰　元								壹　分								
壹　元								其　他								

第二联　客户核对联

35-1

职工薪酬分配表

年　月　日　　　　　　　　　　　　　　　　　　　　　单位：元

车间、部门			定额工时	直接人工费用	
				分配率	分配额
基本生产车间	生产工人	电联轴器甲			
		电联轴器乙			
		电联轴器丙			
		小　计			
	车间管理人员				
	小　计				
行 政 部 门					
销 售 部 门					
供 应 科					
仓 库					
合 计					

35-2

工会经费和职工教育经费计算表

年　月　日　　　　　　　　　　　　　　　　　　　　　单位：元

车间、部门			应付工资	工会经费（2%）	教育费附加（1.5%）	附加费合 计
基本生产车间	生产工人	电联轴器甲				
		电联轴器乙				
		电联轴器丙				
	车间管理人员					
	小　计					
行 政 部 门						
销 售 部 门						
供 应 科						
仓 库						
合 计						

35-3

社会保险费、住房公积金计提表

年　月　日　　　　　　　　　　　　　　　　单位：元

车间、部门			计提基数		医疗保险（10%）	养老保险（20%）	失业保险（1.5%）	住房公积金（8%）	合计
			工时	基数					
基本生产车间	生产工人	电联轴器甲							
		电联轴器乙							
		电联轴器丙							
		小　计							
	车间管理人员								
	小　计								
行政部门									
销售部门									
供应科									
仓库									
合　计									

36

固定资产折旧计算表

年　月　日　　　　　　　　　　　　　　　　单位：元

车间、部门	类别	原值	月折旧率	月折旧额
基本生产车间	房屋建筑物			
	机器设备			
	小　计			
行政部门	房屋建筑物			
	运输工具			
	电子设备			
	小　计			
销售部门	运输工具			
	电子设备			
	小　计			
供应科				
仓库				
合　计				

37

无形资产摊销计算表

年 月 日   单位：元

名 称	原值	使用年限	年摊销额	月摊销额
非专利技术				
专有技术				
合 计				

38-1

中国工商银行**托收凭证**（付款通知）　　**5**

委托日期：2015 年 12 月 30 日　　　　第 00793572 号

业务类型		委托收款（☑邮划、□电划）　托收承付（□邮划、□电划）		
付款人	全　称	九江市盟祥联轴器有限公司	收款人 全　称	国网江西九江县供电有限责任公司
	账号或地址	1507230009024805948	账号或地址	01689908091001
	开户银行	工行十里支行	开户银行	九江县中行

金额	人民币（大写）伍万叁仟捌佰壹拾陆元壹角肆分	千 百 十 万 千 百 十 元 角 分
		￥ 5 3 8 1 6 1 4

款项内容	12月电费	附寄单证张数	1张
商品发运情况		合同名称号码	

备注：
付款人开户银行收到日期
中国工商银行九江市十里支行
到期 2015.12.30 日期
年 月 日 收到 2015.12.30 日期
复核　记账 委托收款专用章（11）

付款人注意：
1.根据支付结算办法，上列委托收款（托收承付）款项在付款期限内未提出拒付，即视为同意付款，以此代付款通知。
2.如需提出全部或部分拒付，应在规定期限内，将拒付理由书并附债务证明退交开户银行。

此联付款人开户银行给付款人按期付款通知

38-2

3600133140 **江西增值税专用发票** № 02247350

开票日期：2015 年 12 月 28 日

购货单位	名　　　称：九江市盟祥联轴器有限公司
	纳税人识别号：360412664755617
	地址、电话：九江县出口加工区三宝路2号　0792-8431689
	开户行及账号：工行十里支行　1507230009024805948

密码区：>+>42<*-7873<80/29647 6611042-*9>*-3966<42* /1<447>1122+-8<-7-9*5 644185/+<6-99*987>>45

加密版本：01
3600133140
02247350

货物或应税劳务名称	规格型号	单位度	数量	单价	金额	税率	税额
电费					45 996.70	17%	7 819.44
合　计					￥45 996.70		￥7 819.44

价税合计（大写）	⊗伍万叁仟捌佰壹拾陆元壹角肆分	（小写）￥53 816.14

销货单位	名　　　称：国网江西九江县供电有限责任公司	备注
	纳税人识别号：360421859470048	
	地址、电话：庐山南路358号　0792-6814168	
	开户行及账号：九江县中行　01689908091001	

收款人：　　　　复核：　　　　开票人：陈志凤　　　　销货单位：（章）

38-3

3600133140 **江西增值税专用发票** № 02247350

开票日期：2015 年 12 月 28 日

购货单位	名　　　称：九江市盟祥联轴器有限公司
	纳税人识别号：360412664755617
	地址、电话：九江县出口加工区三宝路2号　0792-8431689
	开户行及账号：工行十里支行　1507230009024805948

密码区：>+>42<*-7873<80/29647 6611042-*9>*-3966<42* /1<447>1122+-8<-7-9*5 644185/+<6-99*987>>45

加密版本：01
3600133140
02247350

货物或应税劳务名称	规格型号	单位度	数量	单价	金额	税率	税额
电费					45 996.70	17%	7 819.44
合　计					￥45 996.70		￥7 819.44

价税合计（大写）	⊗伍万叁仟捌佰壹拾陆元壹角肆分	（小写）￥53 816.14

销货单位	名　　　称：国网江西九江县供电有限责任公司	备注
	纳税人识别号：360421859470048	
	地址、电话：庐山南路358号　0792-6814168	
	开户行及账号：九江县中行　01689908091001	

收款人：　　　　复核：　　　　开票人：陈志凤　　　　销货单位：（章）

38-4

动力费用分配表

年 月 日   单位：元

部 门			度 数	工 时	单价/分配率	金 额
生产车间	生产用电	电联轴器甲				
		电联轴器乙				
		电联轴器丙				
		合 计	81 000			
	照明用电		1 000			
	行 政 部 门		300			
	销 售 部 门		300			
	供 应 科		100			
	仓 库		100			
	合 计		82 800			

注：分配率保留4位小数。

39-1

财务科：

　　公司为改善员工用餐条件，提高员工福利，本月开始将职工用餐外包给九江长海饭店，每月餐费补助下月15日结算。

厂长办公室

2015年12月31日

39-2

职工餐费补助计算表

年 月 日 单位：元

车间部门		职工人数	补贴标准 （元/人/月）	金 额
基本生产车间	生产工人	15	1 458	
	管理人员	2	810	
行 政 部 门		5	810	
销 售 部 门		3	810	
供 应 科		2	810	
仓 库		1	810	
合 计		28	—	

注：三种产品需要工人各5名。

40

制造费用分配表

年 月 日 单位：元

产品名称	生产工时	分配率	金 额
电联轴器甲			
电联轴器乙			
电联轴器丙			
合 计			

41-1

产品成本计算单

车间：　　　　　　　　　　　　　　　　　　　　　　　　　　　　　　产量：

产品名称：　　　　　　　　　　　　　　　年　月　日　　　　　　　　单位：元

成本项目	期初在产品成本	本月生产费用	生产费用合计	单位成本	完工产品成本	在产品成本
直接材料						
直接人工						
制造费用						
废品损失						
合　计						

41-2

产品成本计算单

车间：　　　　　　　　　　　　　　　　　　　　　　　　　　　　　　产量：

产品名称：　　　　　　　　　　　　　　　年　月　日　　　　　　　　单位：元

成本项目	期初在产品成本	本月生产费用	生产费用合计	单位成本	完工产品成本	在产品成本
直接材料						
直接人工						
制造费用						
废品损失						
合　计						

41-3

产品成本计算单

车间： 产量：

产品名称： 年 月 日 单位：元

成本项目	期初在产品成本	本月生产费用	生产费用合计	单位成本	完工产品成本	在产品成本
直接材料						
直接人工						
制造费用						
废品损失						
合 计						

42

产品销售成本计算表

年 月 日 单位：元

产品名称	期初结存			本期完工			本月销售		
	数量	单位成本	总成本	数量	单位成本	总成本	数量	单位成本	总成本
电联轴器甲									
电联轴器乙									
电联轴器丙									
合 计									

注：销售单位成本保留2位小数。

43

附加税计算表

年 月 日 单位：元

税 目	计税基础	税 率	金 额	记入科目
城市维护建设税				
教育费附加				
合 计				

44

中国工商银行计付存款利息清单（收款通知）

账号 2015年12月31日

单位名称	九江市盟祥联轴器有限公司	结算户账号	1507230009024805948
计息起讫日期	2015年10月1日至2015年12月31日		
计算户账号	计息总积数	利率（年）	利息金额
	6 693 750	1.2%	20 081.25
备注：你单位上述存款利息已收入你单位账户			

中国工商银行
九江市十里支行
2015.12.31
转讫

45

中国工商银行计收利息清单（付款通知）

2015年12月31日

单位名称	九江市盟祥联轴器有限公司	账号	1507230009024805948
贷款金额	9 000 000元	计息起讫日期	2015年10月1日至12月31日
利率（月）	7‰		
利息金额	人民币(大写)壹拾捌万玖仟元整		￥：189 000.00
你单位上述应偿借款利息已从你单位账户划出。　　此致借款单位	（银行盖章）	复核：	记账：

中国工商银行
九江市十里支行
2015.12.31
转讫

46

坏账准备计算表

年 月 日

单位：元

账 户	期末余额	比 例	应提取数	坏账准备余额	实际提取数
合 计					

制表：史慧　　　　　　　　审核：徐娜

47

存货跌价准备计提表

年 月 日

单位：元

会计科目	期末账面价值	可变现净值	存货跌价准备
原材料			
周转材料			
生产成本			
库存商品			
合 计		4 768 905.64	

制表：史慧　　　　　　　　审核：徐娜

48

固定资产减值准备计算表

年 月 日

单位：元

固定资产账面价值	可收回金额	固定资产减值准备
	14 679 315.00	

制表：史慧　　　　　　　　审核：徐娜

49

无形资产减值准备计算表

年 月 日

单位：元

无形资产账面价值	可收回金额	无形资产减值准备
	2 184 966.67	

制表：史慧 审核：徐娜

50-1

公司对销售的电联轴器，承诺出售后一年内如有非意外事故造成的质量问题，公司免费负责保修。根据以往经验，销售的保修费一般为销售额的1.2%，因此，公司对销售的产品计提预计负债。

财务主管：徐娜

2015年12月31日

50-2

预计负债计提表

年 月 日

单位：元

本月销售额	预计比例	计提预计负债

制表：史慧 审核：徐娜

51

房产税、车船税、城镇土地使用税和印花税计算表

年 月 日

单位：元

税 目	计税基础	税 率	税 额
房产税			
车船税			
城镇土地使用税			
印花税			
合 计			

注：印花税直接以现金支付。

制表：史慧 审核：徐娜

52

增值税纳税申报表

（适用于增值税一般纳税人）

税款所属时间：自 年 月 日至 年 月 日　　　　填表日期： 年 月 日

纳税人识别号：☐☐☐☐☐☐☐☐☐☐☐☐☐☐☐☐☐☐　　所属行业：　　　　金额单位：元至角分

纳税人名称		法定代表人姓名		注册地址		营业地址	
开户银行及账号			企业登记注册类型			电话号码	

项目		栏次	一般货物及劳务		即征即退货物及劳务	
			本月数	本年累计	本月数	本年累计
销售额	（一）按适用税率征税货物及劳务销售额	1				
	其中：应税货物销售额	2				
	应税劳务销售额	3				
	纳税检查调整的销售额	4				
	（二）按简易征收办法征税货物销售额	5				
	其中：纳税检查调整的销售额	6				
	（三）免、抵、退办法出口货物销售额	7			—	—
	（四）免税货物及劳务销售额	8			—	—
	其中：免税货物销售额	9			—	—
	免税劳务销售额	10			—	—
税款计算	销项税额	11				
	进项税额	12				
	上期留抵税额	13			—	—
	进项税额转出	14				
	免、抵、退货物应退税额	15			—	—
	按适用税率计算的纳税检查应补缴税额	16			—	—
	应抵扣税额合计	17=12+13-14-15+16			—	—
	实际抵扣税额	18（如17<11，则为17，否则为11）				
	应纳税额	19=11-18				

续表

项目		栏次	一般货物及劳务		即征即退货物及劳务	
			本月数	本年累计	本月数	本年累计
税款计算	期末留抵税额	20=17-18		—		—
	简易征收办法计算的应纳税额	21				
	按简易征收办法计算的纳税检查应补缴税额	22			—	—
	应纳税额减征额	23				
	应纳税额合计	24=19+21-23				
税款缴纳	期初未缴税额（多缴为负数）	25				
	实收出口开具专用缴款书退税额	26			—	—
	本期已缴税额	27=28+29+30+31				
	①分次预缴税额	28			—	—
	②出口开具专用缴款书预缴税额	29			—	—
	③本期缴纳上期应纳税额	30				
	④本期缴纳欠缴税额	31				
	期末未缴税额（多缴为负数）	32=24+25+26-27				
	其中：欠缴税额（≥0）	33=25+26-27			—	—
	本期应补（退）税额	34=24-28-29			—	—
	即征即退实际退税额	35	—	—		
	期初未缴查补税额	36			—	—
	本期入库查补税额	37			—	—
	期末未缴查补税额	38=16+22+36-37			—	—
授权声明	如果你已委托代理人申报，请填写下列资料： 　为代理一切税务事宜，现授权 （地址）　　　　　　　　　为本纳税人的代理申报人，任何与本申报表有关的往来文件，都可寄予此人。 授权人签字：		申报人声明	此纳税申报表是根据《中华人民共和国增值税暂行条例》的规定填报的，我相信它是真实的、可靠的、完整的。 声明人签字：		

以下由税务机关填写：

收到日期：　　　　　　　接收人：　　　　　　　主管税务机关盖章：

53-1

中华人民共和国企业所得税年度纳税申报表（A类）

税款所属期间：　　年　月　日至　年　月　日

纳税人识别号：□□□□□□□□□□□□□□□　　　　　　金额单位：元（列至角分）

类 别	行 次	项 目	金 额
利润总额计算	1	一、营业收入	
	2	减：营业成本	
	3	营业税金及附加	
	4	销售费用	
	5	管理费用	
	6	财务费用	
	7	资产减值损失	
	8	加：公允价值变动损益	
	9	投资收益	
	10	二、营业利润	
	11	加：营业外收入	
	12	减：营业外支出	
	13	三、利润总额（10+11-12）	
应纳税所得额计算	14	加：纳税调整增加额	
	15	减：纳税调整减少额	
	16	其中：不征税收入	
	17	免税收入	
	18	减计收入	
	19	减、免税项目所得	
	20	加计扣除	
	21	抵扣应纳税所得额	
	22	加：境外应税所得弥补境内亏损	
	23	纳税调整后所得（13+14-15+22）	
	24	减：弥补以前年度亏损	
	25	应纳税所得额（23-24）	
应纳税额计算	26	税率（25%）	
	27	应纳所得税额（25×26）	
	28	减：减免所得税额	
	29	抵免所得税额	
	30	应纳税额（27-28-29）	
	31	加：境外所得应纳所得税额	
	32	减：境外所得抵免所得税额	
	33	实际应纳所得税额（30+31-32）	
	34	减：本年累计实际已预缴的所得税额	
	35	其中：汇总纳税的总机构分摊预缴的税额	
	36	汇总纳税的总机构财政调库预缴的税额	
	37	汇总纳税的总机构所属分支机构分摊的预缴税额	
	38	合并纳税（母子体制）成员企业就地预缴比例	
	39	合并纳税企业就地预缴的所得税额	
	40	本年应补（退）的所得税额（33-34）	
附列资料	41	以前年度多缴的所得税额在本年抵减额	
	42	以前年度应缴未缴在本年入库所得税额	

备注：（1）以前年度没有亏损；（2）2015年1—11月没有纳税调整事项；（3）2015年1—11月主营业务收入全部为销售货物收入，其他业务收入全部为材料销售收入；（4）2015年1—11月主营业务成本全部为销售货物成本，其他业务收入全部为材料销售成本

53-2

所得税计算表

年 月 日   单位：元

会计利润	纳税调整	应纳税所得额	税率	应纳税额

制表：史慧   审核：徐娜

54

利润分配表

年 月 日   单位：元

利润分配项目	分配比例	分配额
提取法定盈余公积		
提取任意盈余公积		
向股东支付股利		

制表：史慧   审核：徐娜

资产负债表

会企01表

编制单位：　　　　　　　　　　　　　　　年　月　日　　　　　　　　　　　　单位：元

资　产	期末余额	年初余额	负债和所有者权益	期末余额	年初余额
流动资产：			流动负债：		
货币资金			短期借款		
以公允价值计量且其变动计入当期损益的金融资产			以公允价值计量且其变动计入当期损益的金融负债		
应收票据			应付票据		
应收账款			应付账款		
预付款项			预收款项		
应收利息			应付职工薪酬		
应收股利			应交税费		
其他应收款			应付利息		
存货			应付股利		
一年内到期的非流动资产			其他应付款		
其他流动资产			一年内到期的非流动负债		
流动资产合计			其他流动负债		
非流动资产：			流动负债合计		
可供出售金融资产			非流动负债：		
持有至到期投资			长期借款		
长期应收款			应付债券		
长期股权投资			长期应付款		
投资性房地产			专项应付款		
固定资产			预计负债		
在建工程			递延所得税负债		
工程物资			其他非流动负债		
固定资产清理			非流动负债合计		
生产性生物资产			负债合计		
油气资产			所有者权益：		
无形资产			实收资本（或股本）		
开发支出			资本公积		
商誉			减：库存股		
长期待摊费用			盈余公积		
递延所得税资产			未分配利润		
其他非流动资产			所有者权益合计		
非流动资产合计					
资产总计			负债和所有者权益总计		

（月报）   **利 润 表**   会企02表

编制单位：   年　月   单位：元

项　目	本月数	本年累计数
一、营业收入		
减：营业成本		
营业税金及附加		
销售费用		
管理费用		
财务费用		
资产减值损失		
加：公允价值变动收益（损失以"－"号填列）		
投资收益（损失以"－"号填列）		
其中：对联营企业和合营企业的投资收益		
二、营业利润（损失以"－"号填列）		
加：营业外收入		
减：营业外支出		
其中：非流动资产处置损失		
三、利润总额（亏损总额以"－"号填列）		
减：所得税费用		
四、净利润（净损失以"－"号填列）		
五、每股收益		
（一）基本每股收益		
（二）稀释每股收益		

单位负责人：　　　　财务负责人：　　　　复核：　　　　制表：

（年报）　　　　　　　　　　　　**利 润 表**　　　　　　　　　　　会企02表

编制单位：　　　　　　　　　　　　年　　　　　　　　　　　　　单位：元

项　目	本年累计数	上期金额
一、营业收入		
减：营业成本		
营业税金及附加		
销售费用		
管理费用		
财务费用		
资产减值损失		
加：公允价值变动收益（损失以"-"号填列）		
投资收益（损失以"-"号填列）		
其中：对联营企业和合营企业的投资收益		
二、营业利润（损失以"-"号填列）		
加：营业外收入		
减：营业外支出		
其中：非流动资产处置损失		
三、利润总额（亏损总额以"-"号填列）		
减：所得税费用		
四、净利润（净损失以"-"号填列）		
五、每股收益		
（一）基本每股收益		
（二）稀释每股收益		

单位负责人：　　　　财务负责人：　　　　复核：　　　　制表：

第三章	# 财务软件实训部分

一、模拟实训目的

本实训要求学生应用财务软件完成九江市盟祥联轴器有限公司2015年12月份发生的经济业务核算工作，具体包括建账、填制凭证、查询账簿、输出报表，涉及的系统主要有总账系统、报表系统、薪资系统等。通过该实训可以提高学生应用财务软件处理会计工作的综合能力。

二、模拟企业资料

（一）基础信息

1.账套信息

账套名称：九江市盟祥联轴器有限公司

备份路径：一般选默认

启用会计期：2015年12月

会计期间设置：1月1号至12月31号

2.单位信息

单位名称：九江市盟祥联轴器有限公司

单位简称：九江盟祥

单位地址：九江县出口加工区三宝路2号

法人代表：陈政均

邮政编码：332100

联系电话：0792-8431689

传真：0792-8431689

电子邮件：ChenZhengJun@163.com

纳税人识别号：36041264755617

企业代码：04076098

3.核算类型

该企业的记账本位币：人民币

企业类型：工业

行业性质：2007年新会计制度科目，按行业性质预置科目

账套主管：徐娜

4.基础信息

企业无外币核算，进行经济业务处理时需要对存货进行分类，对客户、供应商不进行分类。

5.分类编码方案：

科目编码级次:42222

部门编码级次:12

存货分类编码级次:1222

结算方式编码级次:12

6.数据精度

该企业对存货数量、单价小数位定为2。

7.系统启用

启用总账系统、薪资系统、固定资产系统，启用日期为2015年12月1日。

8.操作员权限（见表3-1）

表3-1　　　　　　　　　　　　　　　操作员及权限

用户编号	姓名	岗位
001	徐 娜	财务主管
002	史 慧	会 计（总账、固资、薪资）
003	丁 宁	出 纳

（二）基础档案

1.部门档案（见表3-2）

表3-2　　　　　　　　　　　　　　　部门档案

部门编码	部门名称	部门属性
1	行政部门	管理部门
101	厂长办公室	综合管理
102	财务科	财务管理
2	生产车间	产品加工
3	销售部门	产品销售
301	销售科	销售管理
302	门市部	产品销售
4	供应科	采购供应
5	仓库	库房

2. 职员档案（见表3-3）

表3-3　　　　　　　　　　　　　　　在职正式人员档案

职员编号	人员姓名	所属部门	性别	人员属性	人员类别	工商银行代发账号
00001	陈政均	厂长办公室	男	厂长	管理人员	2501122801000093888
00002	司敏	厂长办公室	男	办公室主任	管理人员	2501122801000093825
00003	徐娜	财务科	女	财务科科长	管理人员	2501122801000093826
00004	史慧	财务科	女	会计	管理人员	2501122801000093827
00005	丁宁	财务科	男	出纳	管理人员	2501122801000093828
00006	熊洁	生产车间	女	车间主任	管理人员	2501122801000093829
00007	王必伟	生产车间	男	车间副主任	管理人员	2501122801000093830
00008	周文华	生产车间	男	班组长	生产人员	2501122801000093831
00009	陈凯	生产车间	男	切割工	生产人员	2501122801000093832
00010	陈雪瑞	生产车间	女	电焊工	生产人员	2501122801000093833
00011	杨一帆	生产车间	男	铸造工	生产人员	2501122801000093834
00012	丁文建	生产车间	男	普工	生产人员	2501122801000093835
00013	赵慧	生产车间	女	班组长	生产人员	2501122801000093836
00014	包沁怡	生产车间	女	切割工	生产人员	2501122801000093837
00015	李彬彬	生产车间	男	电焊工	生产人员	2501122801000093838
00016	宁志敏	生产车间	男	铸造工	生产人员	2501122801000093839
00017	胡兰巧	生产车间	女	普工	生产人员	2501122801000093840
00018	周光荣	生产车间	男	班组长	生产人员	2501122801000093841
00019	高开	生产车间	男	切割工	生产人员	2501122801000093842
00020	汪春凌	生产车间	男	电焊工	生产人员	2501122801000093843
00021	李兰	生产车间	女	铸造工	生产人员	2501122801000093844
00022	万华	生产车间	男	普工	生产人员	2501122801000093845
00023	彭然	销售科	男	销售科科长	营销人员	2501122801000093846
00024	陶杰斌	销售科	男	推销员	营销人员	2501122801000093847
00025	刘冬冬	门市部	女	售货员	营销人员	2501122801000093848
00026	王欣	供应科	男	供应科科长	管理人员	2501122801000093849
00027	徐花花	供应科	女	采购员	管理人员	2501122801000093850
00028	筱年	成品库	男	保管员	管理人员	2501122801000093851

3. 客户档案（见表3-4）

表3-4   客户档案

客户编号	客户名称（与开户行名称）	客户简称	税号（与账号）	电话
01	徐州东南钢铁设备厂（工商银行徐州支行）	东南钢铁	320323289654222（0015678021024819338）	0516-87057555
02	南昌长力钢铁股份有限公司（建设银行南昌支行）	长力钢铁	3601111725531111（2400036100613256677）	0791-83962345
03	福建三宝特钢有限公司（交通银行福建支行）	三宝特钢	510212265098676（00456770245）	0596-52342569
04	九江恒生化纤有限公司（农业银行九江支行）	恒生化纤	360412725536870（82600088799）	0792-3556789
05	烟台鑫磊公司（建行烟台市开发区支行）	烟台鑫磊	370602197725134（2400037100613200729）	0535-3341999
06	青岛鹏程工贸有限公司（建行青岛市四方区支行）	青岛鹏程	370607712345579（2400036100613200637）	0532-85632325
07	九江市桑履废品公司（建行九江市浔阳支行）	桑履废品	360412725536849（2400015698543265246）	0792-8563327

4. 供应商档案（见表3-5）

表3-5   供应商档案

供应商编号	供应商名称（与开户行名称）	供应商简称	税号（与账号）	电话
01	九江宝鑫物资有限公司（建设银行九江支行）	九江宝鑫	360402741971269（2400015698543265757）	0792-8347833
02	江西赣江长梅机电设备有限公司（建行南昌支行）	赣江长梅	360102741972737（2400015692167712222）	0791-56678967
03	九江鼎恒特种钢有限公司（工行九江支行）	九江鼎恒	360402741972265（1507230009024805858）	0792-5234256
04	杭州嘉通机械有限公司（建设银行杭州支行）	杭州嘉通	330122248487096（2400036100613200637）	0571-56789873
05	合肥龙宇铸造有限公司（工商银行合肥支行）	合肥龙宇	340103256780808（1507230009024818783）	0551-34556784
06	上海青山贸易有限公司（建行中山支行）	上海青山	310114170623878（2400015611050003402）	021-65824672
07	烟台海盛贸易有限公司（农行延安路支行）	烟台海盛	370602112234567（82600087567）	0535-6058672
08	九江诚信修理厂（农行九江市庐山区支行）	诚信修理	360412664745357（82600088792）	0792-8564328
09	威海凤祥贸易有限公司（农行解放路支行）	威海凤祥	371002780400001（56012364011）	0631-5235503

续表

供应商 编号	供应商名称 （与开户行名称）	供应商 简称	税号 （与账号）	电话
10	九江市长海润滑油销售中心 （工行十里支行）	九江长海	360402741971269 （1507230009024819338）	0792-8265027
11	国网江西九江县供电有限责任公司 （中行九江县支行）	县供电局	360421859470048 （01689908091001）	0792-6814168
12	九江市荣圣物资贸易有限公司 （工行九江支行）	荣圣物资	360402741972265 （1507230009024856555）	0792-8124111
13	九江长海饭店 （工行十里支行）	长海饭店	360412741972326 （1507230009024819333）	0792-8264168

5. 结算方式（见表3-6）

表3-6　　　　　　　　　　　　　　结算方式

结 算 方 式 编 码	结 算 方 式 名 称	票 据 管 理
1	现金结算	否
2	支票结算	否
201	现金支票	是
202	转账支票	是
3	商业汇票	否
301	商业承兑汇票	否
302	银行承兑汇票	否
4	电汇结算	否
401	委托收款	否
402	托收承付	否
5	其他	否

6. 存货计量单位（见表3-7）

表3-7　　　　　　　　　　　　　　存货计量单位

项目	代码	名称
计量单位组	01	基本计量单位（无换算）
计量单位	011	台
	012	吨
	013	桶
	014	千克
	015	件
	016	套
	017	元
	018	个

7.存货分类（见表3-8）

表3-8　　　　　　　　　　　　　　存货分类

类别	名称
1	原料及主要材量
2	周转材料
3	库存商品
4	其他

8.存货档案（见表3-9）

表3-9　　　　　　　　　　　　　　存货档案

编码	名称	型号	计量单位组	所属类别	计量单位	税率	属性
101	钢材		01	1	吨	17%	外购、生产耗用、内销
102	铁板		01	1	吨	17%	外购、生产耗用、内销
103	电机		01	1	台		外购、生产耗用、内销
10301	电机	甲	01	1	台		外购、生产耗用、内销
10302	电机	乙	01	1	台		外购、生产耗用、内销
10303	电机	丙	01	1	台		外购、生产耗用、内销
104	铸件		01	1	吨		外购、生产耗用、内销
201	低值易耗品		01	2	台	17%	外购、生产耗用、内销
20101	昆仑抗磨液压油		01	2	桶	17%	外购、生产耗用、内销
20102	线切割乳化液		01	2	千克	17%	外购、生产耗用、内销
20103	工具		01	2	件	17%	外购、生产耗用、内销
20104	管理工具		01	2	件	17%	外购、生产耗用、内销
20105	工作服		01	2	套	17%	外购、生产耗用、内销
202	包装箱		01	2	个	17%	外购、生产耗用、内销
301	电联轴器		01	3	台	17%	自制、外销、内销
30101	电联轴器	甲	01	3	台	17%	自制、外销、内销
30102	电联轴器	乙	01	3	台	17%	自制、外销、内销
30103	电联轴器	丙	01	3	台	17%	自制、外销、内销
401	运输费		01	4	元	11%	外购、内销、应税劳务
402	修理费		01	4	元	17%	外购、内销、应税劳务
403	电费		01	4	元	17%	外购、内销、应税劳务

(三) 总账系统初始设置资料

1. 会计科目设置（见表3-10）

表3-10 **会计科目表**

科目名称	科目编码	辅助核算	币别计量	余额方向
库存现金	1001	日记账		借
银行存款	1002	日记、银行账		借
存放中央银行款项	1003			借
存放同业	1011			借
其他货币资金	1012			借
结算备付金	1021			借
存出保证金	1031			借
交易性金融资产	1101			借
买入返售金融资产	1111			借
应收票据	1121	客户往来		借
银行承兑汇票	112101	客户往来		借
应收账款	1122	客户往来		借
预付账款	1123			借
应收股利	1131			借
应收利息	1132			借
应收代位追偿款	1201			借
应收分保账款	1211			借
应收分保合同准备金	1212			借
其他应收款	1221			借
备用金	122101	部门核算		借
坏账准备	1231			贷
贴现资产	1301			借
拆出资金	1302			借
贷款	1303			借
贷款损失准备	1304			贷
代理兑付证券	1311			借
代理业务资产	1321			借
材料采购	1401			借
在途物资	1402			借
原材料	1403			借
钢材	140301		吨	借
铁板	140302		吨	借
电机	140303			借
甲	14030301		台	借
乙	14030302		台	借
丙	14030303		台	借
铸件	140304		吨	借

科目名称	科目编码	辅助核算	币别计量	余额方向
材料成本差异	1404			借
库存商品	1405			借
电联轴器	140501			借
甲	14050101		台	借
乙	14050102		台	借
丙	14050103		台	借
发出商品	1406			借
商品进销差价	1407			贷
委托加工物资	1408			借
周转材料	1411			借
低值易耗品	141101			借
昆仑抗磨液压油	14110101		桶	借
线切割乳化液	14110102		千克	借
工具	14110103		件	借
管理工具	14110104		件	借
工作服	14110105		套	借
包装物	141102			借
包装箱	14110201		个	借
消耗性生物资产	1421			借
贵金属	1431			借
抵债资产	1441			借
损余物资	1451			借
融资租赁资产	1461			借
存货跌价准备	1471			贷
持有至到期投资	1501			借
持有至到期投资减值准备	1502			贷
可供出售金融资产	1503			借
长期股权投资	1511			借
万隆科贸公司	151101			借
成本	15110101			借
长期股权投资减值准备	1512			贷
投资性房地产	1521			借
长期应收款	1531			借
未实现融资收益	1532			贷
存出资本保证金	1541			借
固定资产	1601			借
累计折旧	1602			贷
固定资产减值准备	1603			贷
在建工程	1604			借

科目名称	科目编码	辅助核算	币别计量	余额方向
工程物资	1605			借
固定资产清理	1606			借
未担保余值	1611			借
生产性生物资产	1621			借
生产性生物资产累计折旧	1622			贷
公益性生物资产	1623			借
油气资产	1631			借
累计折耗	1632			贷
无形资产	1701			借
非专利技术	170101			借
累计摊销	1702			贷
无形资产减值准备	1703			贷
商誉	1711			借
长期待摊费用	1801			借
递延所得税资产	1811			借
独立账户资产	1821			借
待处理财产损溢	1901			借
短期借款	2001			贷
存入保证金	2002			贷
拆入资金	2003			贷
向中央银行借款	2004			贷
吸收存款	2011			贷
同业存放	2012			贷
贴现负债	2021			贷
交易性金融负债	2101			贷
卖出回购金融资产款	2111			借
应付票据	2201	供应商往来		贷
银行承兑汇票	220101	供应商往来		贷
应付账款	2202	供应商往来		贷
预收账款	2203			贷
应付职工薪酬	2211			贷
职工福利费	221101			贷
职工保险	221102			贷
医疗保险	22110201			贷
养老保险	22110202			贷
失业险	22110203			贷
住房公积金	221103			贷
工会经费	221104			贷
职工教育经费	221105			贷

科目名称	科目编码	辅助核算	币别计量	余额方向
应交税费	2221			贷
应交增值税	222101			贷
进项税额	22210101			贷
已交税金	22210102			贷
转出未交增值税	22210103			贷
销项税额	22210105			贷
进项税额转出	22210107			贷
转出多交增值税	22210109			贷
应交增值税	222102			贷
应交城市维护建设税	222103			贷
应交教育费附加	222104			贷
应交所得税	222105			贷
应交个人所得税	222106			贷
应交房产税	222107			贷
应交车船税	222108			贷
应交城镇土地使用税	222109			贷
应付利息	2231			贷
应付股利	2232			贷
其他应付款	2241			贷
医疗保险费	224101			贷
养老保险费	224102			贷
失业险费	224103			贷
住房公积金	224104			贷
应付保单红利	2251			贷
应付分保账款	2261			贷
代理买卖证券款	2311			贷
代理承销证券款	2312			贷
代理兑付证券款	2313			贷
代理业务负债	2314			贷
递延收益	2401			贷
长期借款	2501			贷
应付债券	2502			贷
未到期责任准备金	2601			贷
保险责任准备金	2602			贷
保户储金	2611			贷
独立账户负债	2621			借
长期应付款	2701			贷
未确认融资费用	2702			借
专项应付款	2711			贷

科目名称	科目编码	辅助核算	币别计量	余额方向
预计负债	2801			贷
递延所得税负债	2901			贷
清算资金往来	3001			借
货币兑换	3002			借
衍生工具	3101			借
套期工具	3201			借
被套期项目	3202			借
实收资本	4001			贷
长江股份有限公司	400101			贷
黄河股份有限公司	400102			贷
资本公积	4002			贷
其他资本公积	400201			贷
盈余公积	4101			贷
法定盈余公积	410101			贷
任意盈余公积	410102			贷
一般风险准备	4102			贷
本年利润	4103			贷
利润分配	4104			贷
未分配利润	410406			贷
库存股	4201			借
生产成本	5001			借
直接材料	500101	项目核算		借
直接人工	500102	项目核算		借
制造费用	500103	项目核算		借
废品损失	500104	项目核算		借
制造费用	5101			借
职工薪酬及附加	510101			借
办公费	510102			借
材料费	510103			借
劳保用品	510104			借
折旧费	510105			借
社会保险及公积金	510106			借
其他	510107			借
制造费用转出	510109			借
劳务成本	5201			借
研发支出	5301			借
工程施工	5401			借
工程结算	5402			贷
机械作业	5403			借

科目名称	科目编码	辅助核算	币别计量	余额方向
主营业务收入	6001			贷
电联轴器	600101			贷
甲	60010101		台	贷
乙	60010102		台	贷
丙	60010103		台	贷
利息收入	6011			贷
手续费及佣金收入	6021			贷
保费收入	6031			贷
租赁收入	6041			贷
其他业务收入	6051			贷
废钢	605101			贷
汇兑损益	6061			贷
公允价值变动损益	6101			贷
投资收益	6111			贷
摊回保险责任准备金	6201			贷
摊回赔付支出	6202			贷
摊回分保费用	6203			贷
营业外收入	6301			贷
罚没收入	630101			贷
非流动资产处置利得	630102			贷
其他营业外收入	630103			贷
主营业务成本	6401			借
电联轴器	640101			借
甲	64010101		台	借
乙	64010102		台	借
丙	64010103		台	借
其他业务成本	6402			借
废钢	640201			借
营业税金及附加	6403			借
利息支出	6411			借
手续费及佣金支出	6421			借
提取未到期责任准备金	6501			借
提取保险责任准备金	6502			借
赔付支出	6511			借
保单红利支出	6521			借
退保金	6531			借
分出保费	6541			借
分保费用	6542			借
销售费用	6601			借

科目名称	科目编码	辅助核算	币别计量	余额方向
职工薪酬及附加	660101			借
办公费	660102			借
材料费	660103			借
折旧费	660104			借
社会保险及公积金	660105			借
广告费	660106			借
产品质量保证	660107			借
其他	660109			借
管理费用	6602			借
职工薪酬及附加	660201			借
办公费	660202			借
材料费	660203			借
折旧费	660204			借
社会保险及公积金	660205			借
无形资产摊销	660206			借
招待费	660207			借
税金	660208			借
报刊费	660209			借
其他	660210			借
财务费用	6603			借
利息费	660301			借
手续费	660302			借
其他	660309			借
勘探费用	6604			借
资产减值损失	6701			借
营业外支出	6711			借
罚没支出	671101			借
债务重组损失	671102			借
所得税费用	6801			借
以前年度损益调整	6901			借

2. 2015年12月份期初余额表（见表3-11）

表3-11　　　　　　　　2015年12月份期初余额表　　　　　　　单位:元

科目名称	方向	币别计量	累计借方	累计贷方	期初余额
库存现金(1001)	借		0	0	3 000.00
银行存款(1002)	借		0	0	5 792 328.32
应收账款(1122)	借		0	0	167 240.00
其他应收款(1221)	借		0	0	3 000.00
备用金(122101)	借		0	0	3 000.00
坏账准备(1231)	贷		0	0	836.20

科目名称	方向	币别计量	累计借方	累计贷方	期初余额
原材料(1403)	借		0	0	1 619 133.57
原料及主要材料(140301)	借		0	0	1 619 133.57
钢材(14030101)	借		0	0	682 851.84
	借	吨	0	0	187.59
铁板(14030102)	借		0	0	495 328.41
	借	吨	0	0	130.00
电机(14030103)	借		0	0	246 480.00
甲(1403010301)	借		0	0	42 160.00
	借	台	0	0	248
乙(1403010302)	借		0	0	111 200.00
	借	台	0	0	200
丙(1403010303)	借		0	0	93 120.00
	借	台	0	0	120
铸件(14030104)	借		0	0	194 473.32
	借	吨	0	0	30
库存商品(1405)	借		0	0	4 794 400.00
电联轴器(140501)	借		0	0	4 794 400.00
甲(14050101)	借		0	0	1 333 000.00
	借	台	0	0	620
乙(14050102)	借		0	0	1 833 000.00
	借	台	0	0	650
丙(14050103)	借		0	0	1 628 400.00
	借	台	0	0	460
周转材料(1411)	借		0	0	46 960.00
低值易耗品(141101)	借		0	0	44 960.00
昆仑抗磨液压油(14110101)	借		0	0	1 829.06
	借	桶	0	0	1
线切割乳化液(14110102)	借		0	0	188.04
	借	千克	0	0	1
工具(14110103)	借		0	0	3 862.90
	借	件	0	0	20
管理工具(14110104)	借		0	0	2 760.00
	借	件	0	0	69
工作服(14110105)	借		0	0	36 320.00
	借	套	0	0	454
包装物(141102)	借		0	0	2 000.00
包装箱(14110201)	借		0	0	2 000.00
	借	个	0	0	10
存货跌价准备(1471)	贷		0	0	32 000.00

科目名称	方向	币别计量	累计借方	累计贷方	期初余额
长期股权投资(1511)	借		0	0	13 000 000.00
万隆科贸公司(151101)	借		0	0	13 000 000.00
成本(15110101)	借		0	0	13 000 000.00
固定资产(1601)	借		0	0	27 060 000.00
累计折旧(1602)	贷		0	0	12 228 150.00
固定资产减值准备(1603)	贷		0	0	0
无形资产(1701)	借		0	0	3 000 000.00
非专利技术(170101)	借		0	0	3 000 000.00
累计摊销(1702)	贷		0	0	815 000.00
应付票据(2201)	贷		0	0	266 589.00
银行承兑汇票(220101)	贷		0	0	266 589.00
应付账款(2202)	贷		0	0	2 800 000.00
应付职工薪酬(2211)	贷		0	0	141 402.50
职工福利费(221101)	贷		0	0	38 600.00
职工保险(221102)	贷		0	0	49 612.50
医疗保险(22110201)	贷		0	0	15 750.00
养老保险(22110202)	贷		0	0	31 500.00
失业险(22110203)	贷		0	0	2 362.50
住房公积金(221103)	贷		0	0	12 600.00
工会经费(221104)	贷		0	0	22 390.00
职工教育经费(221105)	贷		0	0	18 200.00
应交税费(2221)	贷		0	0	507 463.25
未交增值税(222102)	贷		0	0	187 306.16
应交城市维护建设税(222103)	贷		0	0	13 111.43
应交教育费附加(222104)	贷		0	0	5 619.18
应交所得税(222105)	贷		0	0	270 143.48
应交个人所得税(222106)	贷		0	0	813.00
应交房产税(222107)	贷		0	0	29 600.00
应交车船税(222108)	贷		0	0	370.00
应交城镇土地使用税(222109)	贷		0	0	500.00
应付利息(2231)	贷		0	0	126 000.00
其他应付款(2241)	贷		0	0	29 137.50
医疗保险费(224101)	贷		0	0	3 150.00
养老保险费(224102)	贷		0	0	12 600.00
失业险费(224103)	贷		0	0	787.50
住房公积金(224104)	贷		0	0	12 600.00
长期借款(2501)	贷		0	0	9 000 000.00
实收资本(4001)	贷		0	0	21 000 000.00
长江股份有限公司(400101)	贷		0	0	14 000 000.00

科目名称	方向	币别计量	累计借方	累计贷方	期初余额
黄河股份有限公司(400102)	贷		0	0	7 000 000.00
资本公积(4002)	贷		0	0	310 000.00
其他资本公积(400201)	贷		0	0	310 000.00
盈余公积(4101)	贷		0	0	510 000.00
法定盈余公积(410101)	贷		0	0	340 000.00
任意盈余公积(410102)	贷		0	0	170 000.00
本年利润(4103)	贷		0	0	3 395 737.46
利润分配(4104)	贷		0	0	4 369 372.75
未分配利润(410406)	贷		0	0	4 369 372.75
生产成本(5001)	借		0	0	45 626.77
直接材料(500101)	借		0	0	42 023.29
直接人工(500102)	借		0	0	2 380.15
制造费用(500103)	借		0	0	1 223.33
主营业务收入(6001)	贷		29 908 000.00	29 908 000.00	0
电联轴器(600101)	贷		29 908 000.00	29 908 000.00	0
甲(60010101)	贷		9 048 000.00	9 048 000.00	0
	贷	台	0	0	0
乙(60010102)	贷		12 250 000.00	12 250 000.00	0
	贷	台	0	0	0
丙(60010103)	贷		8 610 000.00	8 610 000.00	0
	贷	台	0	0	0
其他业务收入(6051)	贷		116 800.00	116 800.00	0
废钢(605101)	贷		116 800.00	116 800.00	0
主营业务成本(6401)	借		23 249 028.80	23 249 028.80	0
电联轴器(640101)	借		23 249 028.80	23 249 028.80	0
甲(64010101)	借		6 945 372.38	6 945 372.38	0
	借	台	0	0	0
乙(64010102)	借		9 497 057.92	9 497 057.92	0
	借	台	0	0	0
丙(64010103)	借		6 806 598.50	6 806 598.50	0
	借	台	0	0	0
其他业务成本(6402)	借		109 500.00	109 500.00	0
废钢(640201)	借		109 500.00	109 500.00	0
营业税金及附加(6403)	借		173 975.57	173 975.57	0
销售费用(6601)	借		313 366.28	313 366.28	0
管理费用(6602)	借		893 690.44	893 690.44	0
财务费用(6603)	借		751 479.00	751 479.00	0
营业外支出(6711)	借		1 328.68	1 328.68	0
所得税费用(6801)	借		1 136 693.77	1 136 693.77	0

3.客户往来期初余额表（见表3-12）

表3-12　　　　　　　　　　　　　客户往来期初余额表　　　　　　　　　　　单位:元

科目	客户	方向	借方金额	合计
应收账款	徐州东南钢铁设备厂	借方	33 508.00	167 240.00
	南昌长力钢铁股份有限公司	借方	52 356.00	
	福建三宝特钢有限公司	借方	48 712.00	
	九江恒生化纤有限公司	借方	32 664.00	

4.供应商往来期初余额表（见表3-13）

表3-13　　　　　　　　　　　　供应商往来期初余额表　　　　　　　　　　　单位:元

科目	供应商	方向	金额	合计
应付票据——银行承兑汇票	聊城开发区奥宇钢材有限公司	贷方	266 589.00	266 589.00
应付账款	九江宝鑫物资有限公司	贷方	565 153.60	2 800 000.00
	江西赣江长梅机电设备有限公司	贷方	427 900.00	
	九江鼎恒特种钢有限公司	贷方	489 433.10	
	九江市荣圣物资贸易有限公司	贷方	712 997.60	
	杭州嘉通机械有限公司	贷方	307 755.00	
	合肥龙宇铸造有限公司	贷方	214 510.70	
	上海青山贸易有限公司	贷方	82 250.00	

5.部门往来期初余额表（见表3-14）

表3-14　　　　　　　　　　　　　部门往来期初余额表　　　　　　　　　　　单位:元

科目	部门	方向	金额
其他应收款——备用金	厂长办公室	借方	3 000

6.生产成本期初余额表（见表3-15）

表3-15　　　　　　　　　　　　　生产成本期初余额表　　　　　　　　　　　单位:元

科目名称	电联轴器——甲（4台）	电联轴器——乙（8台）	电联轴器——丙（6台）	合计
直接材料(500101)	7 420.66	18 376.27	16 226.36	42 023.29
直接人工(500102)	464.79	1 027.57	887.79	2 380.15
制造费用(500103)	238.89	528.13	456.31	1 223.33
废品损失(500104)				
合计	8 124.34	19 931.97	17 570.46	45 626.77

7.项目目录（见表3-16）

表3-16   项目目录

项目设置步骤	设置内容
项目大类	电联轴器
核算科目	直接材料(500101) 直接人工(500102) 制造费用(500103) 废品损失(500104)
项目分类	1.产品制造 2.委托加工
项目名称	101甲 102乙 103丙

8.凭证类别

企业凭证不分类，采用通用记账凭证。

（四）固定资产系统初始设置资料

1.固定资产账套启用（见表3-17）

表3-17   固定资产参数设置

启用时间	2015-12-01
折旧方法	平均年限法（一）
折旧汇总分配周期	一个月，当"月初已提月份=可使用月份-1"时，将剩余折旧全部提足
固定资产编码方式	资产类别编码方式：21；固定资产编码方式：类别编码+序号，采用手工输入；序号长度为"3"
对账要求	要求固定资产系统与总账进行对账；固定资产对账科目为"1601"，累计折旧对账科目为"1602"；对账不平衡的情况下不允许固定资产月末结账

2.部门对应折旧科目（见表3-18）

表3-18   部门对应折旧科目

部门名称	对应科目	部门名称	对应科目
厂长办公室	管理费用——折旧费	门市部	销售费用——折旧费
财务科	管理费用——折旧费	供应科	管理费用——折旧费
生产车间	制造费用——折旧费	仓库	管理费用——折旧费
销售科	销售费用——折旧费		

3.固定资产类别（见表3-19）

表3-19　　　　　　　　　　　　　**固定资产类别**

类别编码	类别名称	使用年限（年）	净残值率	计提属性	折旧方法	卡片样式
01	房屋及建筑物					通用样式
011	办公楼	20	10%	正常计提	平均年限法（一）	通用样式
012	厂房	20	10%	正常计提	平均年限法（一）	通用样式
02	机器设备					通用样式
021	生产设备	10	4%	正常计提	平均年限法（一）	通用样式
022	办公设备	3	10%	正常计提	平均年限法（一）	通用样式
03	运输设备					
031	货车	8	4%	正常计提	平均年限法（一）	通用样式
032	客车	8	4%	正常计提	平均年限法（一）	通用样式
033	小轿车	8	4%	正常计提	平均年限法（一）	通用样式

4.固定资产增减方式（见表3-20）

表3-20　　　　　　　　　　　　**固定资产增减方式**

增加方式	对应入账科目	减少方式	对应入账科目
直接购入	银行存款	出售	固定资产清理
投资者投入	实收资本——某某公司	投资转出	固定资产清理
捐赠	营业外收入——捐赠所得	捐赠转出	固定资产清理
盘盈	以前年度损益调整	盘亏	待处理财产损溢——待处理固定资产损溢
在建工程转入	在建工程——基建工程	报废	固定资产清理

注:上表科目设置仅供参考,具体科目设置可以根据现行规定和企业实际情况进行调整。

5.固定资产卡片（见表3-21）

表3-21（1）　　　　　　　　　　　　　　固定资产卡片

卡片编号	001	002	003	004	005	006
固定资产编号	012001	011001	021001	021002	021003	021004
固定资产名称	生产厂房	综合办公楼	车床（CW62E/1000）	铣床（X6042A-L5H）	插床（B5032E）	摇臂钻床（I305011611）
类别编号	012	011	021	021	021	021
类别名称	厂房	办公楼	生产设备	生产设备	生产设备	生产设备
部门名称	生产车间	厂办、财务科、供应科、仓库	生产车间	生产车间	生产车间	生产车间
增加方式	投资投入（长江2；黄河1）	投资投入（长江股份）	直接购入	直接购入	直接购入	直接购入
使用状况	在用	在用	在用	在用	在用	在用
使用年限(年)	20	20	10	10	10	10
折旧方法	平均年限法（一）	平均年限法（一）	平均年限法（一）	平均年限法（一）	平均年限法（一）	平均年限法（一）
开始使用日期	2008-03-08	2008-03-08	2008-04-08	2008-04-08	2008-04-08	2008-04-08
原值(元)	18 000 000.00	500 000.00	2 800 000.00	1 130 000.00	600 000.00	580 000.00
净残值率	10%	10%	4%	4%	4%	4%
累计折旧(元)	6 210 000.00	172 500.00	2 038 400.00	822 640.00	436 800.00	422 240.00
月折旧率	0.00375	0.00375	0.008	0.008	0.008	0.008
月折旧额(元)	67 500.00	1 875.00	22 400.00	9 040.00	4 800.00	4 640.00
净值(元)	11 790 000.00	327 500.00	761 600.00	307 360.00	163 200.00	157 760.00

表 3-21（2） 固定资产卡片

卡片编号	007	008	009	010	011	012
固定资产编号	021005	033001	021006	032001	031001	031002
固定资产名称	（电）高频炉	小轿车	立钻（I5150）	客车	货车	货车
类别编号	021	033	021	032	031	031
类别名称	生产设备	运输设备	生产设备	运输设备	运输设备	运输设备
部门名称	生产车间	厂长办公室	生产车间	厂长办公室	销售科	销售科
增加方式	直接购入	投资投入（黄河股份）	直接购入	投资投入（黄河股份）	投资投入（黄河股份）	投资投入（黄河股份）
使用状况	在用	在用	在用	在用	在用	在用
使用年限(年)	10	8	10	8	8	8
折旧方法	平均年限法（一）	平均年限法（一）	平均年限法（一）	平均年限法（一）	平均年限法（一）	平均年限法（一）
开始使用日期	2008-04-08	2008-05-08	2008-06-08	2008-06-08	2008-06-08	2009-07-08
原值(元)	50 000.00	220 000.00	500 000.00	150 000.00	98 000.00	100 000.00
净残值率	4%	4%	4%	4%	4%	4%
累计折旧(元)	36 400.00	198 000.00	356 000.00	133 500.00	87 220.00	76 000.00
月折旧率	0.008	0.01	0.008	0.01	0.01	0.01
月折旧额(元)	400.00	2 200.00	4 000.00	1 500.00	980.00	1 000.00
净值(元)	13 600.00	22 000.00	144 000.00	16 500.00	10 780.00	24 000.00

表 3-21（3） 固定资产卡片

卡片编号	013	014	015	016	017	018
固定资产编号	021007	022001	022002	022003	022004	022005
固定资产名称	车床CA14A/1000）	复印机	美的空调	打印机	美的空调	美的空调
类别编号	021	022	022	022	022	022
类别名称	生产设备	办公设备	办公设备	办公设备	办公设备	办公设备
部门名称	生产车间	厂长办公室	厂长办公室	财务科	财务科	销售门市部
增加方式	直接购入	直接购入	直接购入	直接购入	直接购入	直接购入
使用状况	在用	在用	在用	在用	在用	在用
使用年限(年)	10	3	3	3	3	3
折旧方法	平均年限法（一）	平均年限法（一）	平均年限法（一）	平均年限法（一）	平均年限法（一）	平均年限法（一）
开始使用日期	2010-05-05	2013-04-08	2013-04-08	2013-04-08	2013-04-08	2013-09-08
原值(元)	2 300 000.00	11 000.00	8 000.00	3 000.00	4 000.00	6 000.00
净残值率	4%	10%	10%	10%	10%	10%
累计折旧(元)	1 214 400.00	8 525.00	6 200.00	2 325.00	3 100.00	3 900.00
月折旧率	0.008	0.025	0.025	0.025	0.025	0.025
月折旧额(元)	18 400.00	275.00	200.00	75.00	100.00	150.00
净值(元)	1 085 600.00	2 475.00	1 800.00	675.00	900.00	2 100.00

（五）薪资系统初始设置资料

1.工资账套的参数

工资类别个数多个（正式职工和临时职员）；工资核算本位币为人民币；从工资中代扣个人所得税；不进行扣零设置；人员编码长度设置为"5"位；启用日期为2015年12月1日。

2.人员类别

企业的在职人员类别设置为"管理人员""生产人员""营销人员"。

3.工资项目（见表3-22）

表3-22　　　　　　　　　　　　　正式职工工资项目

工资项目名称	类型	长度	小数	增减项
基本工资	数字	12	2	增项
岗位工资	数字	12	2	增项
绩效工资	数字	12	2	增项
加班费	数字	12	2	增项
夜班补助	数字	12	2	增项
物价补助	数字	12	2	增项
病假扣款	数字	12	2	减项
事假扣款	数字	12	2	减项
住房公积金	数字	12	2	减项
养老保险	数字	12	2	减项
失业保险	数字	12	2	减项
医疗保险	数字	12	2	减项
病假天数	数字	3	1	其他
缺勤天数	数字	3	1	其他
应付工资	数字	12	2	其他
实付工资	数字	12	2	其他
应纳个税所得额	数字	12	2	其他

4.人员档案

参照基础答案在职正式人员档案（见表3-4）

5.有关工资项目计算公式或规定

（1）事假扣款=基本工资÷30×缺勤天数；病假扣款=岗位工资÷30×病假天数；

（2）按基本工资的2%、8%、0.5%、8%计算个人应交的医疗保险、养老保险、失业保险、住房公积金；

（3）应付工资=基本工资+岗位工资+绩效工资+加班工资+夜班补贴+物价补贴-病假扣款-事假扣款；

（4）实付工资=应付工资-医疗保险-养老保险-失业保险-住房公积金-个人所得税；

（5）应纳个税所得额=应付工资-医疗保险-养老保险-失业保险-住房公积金；个人所得税应以"应纳个税所得额"为基数扣除3 500元后计税。

（六）日常业务补充资料

1. 2015年12月模拟工资数据（见表3-23）

表3-23　　　　　　　　　　　**2015年12月工资数据表**　　　　　　　　　单位:元

人员姓名	基本工资	岗位工资	绩效工资	加班工资	夜班补贴	物价补贴	病事假扣款	应付工资	医疗保险（2%）	养老保险（8%）	失业保险（0.5%）	住房公积金（8%）	个人所得税	病假天数	缺勤天数	实付工资
陈政均	4 000	175	75			375										
司敏	2 500	150	75			375										
徐娜	3 000	185	75			375										
史慧	2 500	150	75			375										
丁宁	2 500	150	75			375										
熊洁	3 500	280	405			375										
王必伟	2 500	150	405			375										
周文华	9 600	900	2 125	250	250	375										
陈凯	8 750	800	2 125	750	250	375										
陈雪瑞	8 850	800	2 125		250	375										
杨一帆	8 600	800	2 125		250	375										
丁文建	3 850	300	2 125		250	375										
赵慧	9 600	900	2 125	250	250	375										
包沁怡	8 750	800	2 125	750	250	375										
李彬彬	8 850	800	2 125		250	375										
宁志敏	8 600	800	2 125		250	375										
胡兰巧	3 850	300	2 125		250	375										
周光荣	9 600	900	2 125	250	250	375										
高开	8 750	800	2 125	750	250	375										
汪春凌	8 850	800	2 125		250	375										
李兰	8 600	800	2 125		250	375										
万华	3 850	300	2 125		250	375										
彭然	3 250	260	1 225			375										
陶杰斌	2 750	260	1 225			375										
刘冬冬	3 000	260	1 225			375										
王欣	3 000	165	75			375										
徐花花	2 500	150	75			375										
筱年	2 500	150	75			375										

2.工资计提标准及分摊设置

按应发工资总额的2%计提工会经费、1.5%计提教育费附加，分摊设置具体对应科目可以参考表3-25；按基本工资的10%、20%、1.5%、8%计算单位应交的医疗保险、养老保险、失业保险、住房公积金。

3.部分分摊构成设置参考如下（见表3-24～表3-27）

表3-24　"应付工资"设置内容

部门名称	人员类别	项目	借方科目	贷方科目
厂长办公室	管理人员	应付工资	管理费用——工资	
财务科	管理人员	应付工资	管理费用——工资	
生产车间	生产人员	应付工资	生产成本——直接人工	
生产车间	管理人员	应付工资	制造费用——工资	应付职工薪酬——工资
销售科	营销人员	应付工资	销售费用——工资	
门市部	营销人员	应付工资	销售费用——工资	
供应科	管理人员	应付工资	管理费用——工资	
仓库	管理人员	应付工资	管理费用——工资	

表3-25　"福利费"设置内容

部门名称	人员类别	项目	借方科目	贷方科目
厂长办公室	管理人员	应付工资	管理费用——福利费	
财务科	管理人员	应付工资	管理费用——福利费	
生产车间	生产人员	应付工资	生产成本——直接人工	
生产车间	管理人员	应付工资	制造费用——福利费	应付职工薪酬——福利费
销售科	营销人员	应付工资	销售费用——福利费	
门市部	营销人员	应付工资	销售费用——福利费	
供应科	管理人员	应付工资	管理费用——福利费	
仓库	管理人员	应付工资	管理费用——福利费	

表 3-26 　　　　　　　　　　　**"工会经费"设置内容**

部门名称	人员类别	项目	借方科目	贷方科目
厂长办公室	管理人员	应付工资	管理费用——工会经费	应付职工薪酬——工会经费
财务科	管理人员	应付工资	管理费用——工会经费	
生产车间	生产人员	应付工资	生产成本——直接人工	
生产车间	管理人员	应付工资	制造费用——工会经费	
销售科	营销人员	应付工资	销售费用——工会经费	
门市部	营销人员	应付工资	销售费用——工会经费	
供应科	管理人员	应付工资	管理费用——工会经费	
仓库	管理人员	应付工资	管理费用——工会经费	

表 3-27 　　　　　　　　　　　**"教育费附加"设置内容**

部门名称	人员类别	项目	借方科目	贷方科目
厂长办公室	管理人员	应付工资	管理费用——教育费附加	应付职工薪酬——教育费附加
财务科	管理人员	应付工资	管理费用——教育费附加	
生产车间	生产人员	应付工资	生产成本——直接人工	
生产车间	管理人员	应付工资	制造费用——教育费附加	
销售科	营销人员	应付工资	销售费用——教育费附加	
门市部	营销人员	应付工资	销售费用——教育费附加	
供应科	管理人员	应付工资	管理费用——教育费附加	
仓库	管理人员	应付工资	管理费用——教育费附加	

三、模拟实训要求

1.建立九江市盟祥联轴器有限公司账套；

2.设置操作员并赋予相应权限；

3.输入基础档案、完成总账系统、固定资产系统、薪资系统初始设置；

4.根据原始凭证和日常业务资料，利用财务软件，生成记账凭证。有关固定资产和薪资业务的凭证必须在各业务子系统处理完成，并向总账系统传递；

5.完成记账凭证的审核、记账；

6.编制生成九江市盟祥联轴器有限公司2015年度资产负债表和利润表。

附录 | 企业会计实训参考答案

一、经济业务处理

业务序号	总分类科目	明细分类科目	借方金额	贷方金额	备注
1	制造费用	办公费	300.00		
	管理费用	办公费	600.00		
	销售费用	办公费	300.00		
	库存现金			1 200.00	
2	库存现金		1 000.00		
	银行存款			1 000.00	
	其他应收款	徐花花	1 000.00		
	库存现金			1 000.00	
3		暂不做业务			
4	原材料	铸件	653 600.00		
	应交税费	应交增值税（进项税额）	110 776.00		
	银行存款			758 776.00	
	应付账款	烟台海盛		5 600.00	
	财务费用	手续费	50.00		
	银行存款			50.00	
5	库存现金		475.00		途中伙食补贴50元/天
	管理费用	差旅费	525.00		
	其他应收款	徐花花		1 000.00	
6	银行存款		3 065 400.00		销售成本期末结转
	主营业务收入	电联轴器甲		1 160 000.00	
		电联轴器乙		1 050 000.00	
		电联轴器丙		410 000.00	
	应交税费	应交增值税（销项税额）		445 400.00	
7		暂不做业务			
8	原材料	钢材	550 393.50		
		铁板	499 106.50		
	应交税费	应交增值税（进项税额）	177 923.00		
	银行存款			1 219 223.00	
	应付账款	上海青山		8 200.00	
	财务费用	手续费	70.00		
	银行存款			70.00	

续表

业务序号	总分类科目	明细分类科目	借方金额	贷方金额	备注
9	暂不做业务				
10	长期应付款 银行存款	应付融资租赁费	11 000.00	11 000.00	
11	库存现金 营业外收入	罚没收入	556.00	556.00	
12	应收账款 主营业务入 应交税费	青岛鹏程贸易公司 电联轴器甲 电联轴器乙 电联轴器丙 应交增值税（销项税额）	3 346 200.00	580 000.00 1 050 000.00 1 230 000.00 486 200.00	销售成本期末结转
13	管理费用 库存现金	招待费	280.00	280.00	
14	应交税费 银行存款	应交增值税 应交城市维护建设税 应交教育费附加 应交个人所得税	187 306.16 13 111.43 5 619.18 813.00	206 849.77	
15	管理费用 库存现金	油费	400.00	400.00	
16	无形资产 银行存款	专有技术	28 000.00	28 000.00	
17	管理费用 应交税费 银行存款	修理费 应交增值税（进项税额）	10 000.00 1 700.00	11 700.00	
18	原材料 应交税费 银行存款 应付账款	电机甲 电机乙 电机丙 应交增值税（进项税额） 威海凤翔	87 900.00 223 500.00 187 340.00 84 587.80	579 664.80 3 663.00	
19	周转材料 应交税费 银行存款	昆仑抗磨液压油 线切割乳化液 应交增值税（进项税额）	1 829.06 1 880.34 630.60	4 340.00	
20	待处理财产损溢 周转材料 应交税费	待处理流动资产损溢 包装箱 应交增值税（进项税额转出）	468.00	400.00 68.00	
21	应付职工薪酬 银行存款 应付职工薪酬 其他应付款 应交税费	工资 工资 医疗保险费 养老保险费 失业保险费 住房公积金 应交个人所得税	180 174.68 43 770.32	180 174.68 3 129.00 12 516.00 782.25 12 516.00 14 827.07	

业务序号	总分类科目	明细分类科目	借方金额	贷方金额	备注
22	管理费用	保险费	10 000.00		
	银行存款			10 000.00	
23	营业外支出	罚没支出	3 000.00		
	银行存款			3 000.00	
24	应付职工薪酬	住房公积金	12 600.00		
	其他应付款	住房公积金	12 600.00		
	银行存款			25 200.00	
	应付职工薪酬	医疗保险	15 750.00		
		养老保险	31 500.00		
		失业保险	2 362.50		
	其他应付款	医疗保险	3 150.00		
		养老保险	12 600.00		
		失业保险	787.50		
	银行存款			66 150.00	
25	暂不做业务				
26	销售费用	广告费	7 500.00		
	银行存款			7 500.00	
27	财务费用	手续费	100.00		
	银行存款			100.00	
28	银行存款		3 226 200.00		
	应收账款	青岛鹏程贸易公司		3 226 200.00	
29	管理费用	电话费	1 200.00		
	银行存款			1 200.00	
30	管理费用	报刊费	288.00		
	库存现金			288.00	
31	管理费用	存货盘亏	468.00		
	待处理财产损溢	待处理流动资产损溢		468.00	
32	原材料	废钢	15 300.00		
	生产成本	基本生产成本			
		——电联轴器甲		4 500.00	
		——电联轴器乙		6 000.00	
		——电联轴器丙		4 500.00	
	废品损失	电联轴器甲		300.00	
	废品损失	电联轴器甲	730.62		
	原材料	钢材		730.62	
	生产成本	基本生产成本			
		——电联轴器甲（废品损失）	430.62		
	废品损失			430.62	

续表

业务序号	总分类科目	明细分类科目	借方金额	贷方金额	备注
33	生产成本	基本生产成本			结合第3、7、9和25笔业务计算
		——电联轴器甲	644 995.33		
		——电联轴器乙	906 113.98		
		——电联轴器丙	647 519.67		
	原材料	钢材		534 081.19	
		铁板		481 918.45	
		电机甲		87 540.39	
		电机乙		223 133.32	
		电机丙		186 973.34	
		铸件		684 982.29	
	制造费用	周转材料	8 814.84		
	管理费用	管理用具	800.00		
	销售费用		4 760.00		
	周转材料	低值易耗品			
		——昆仑液压油		1 829.06	
		——线切割乳化液		188.04	
		——工具		2 317.74	
		——工作服		8 640.00	
		——管理用具		800.00	
		包装物——包装箱		600.00	
34	库存现金		18 720.00		
	其他业务收入	废钢		16 000.00	
	应交税费	应交增值税（销项税额）		2 720.00	
	其他业务成本		15 000.00		
	原材料	废钢		15 000.00	
	银行存款		18 720.00		
	库存现金			18 720.00	
35	生产成本	基本生产成本			由于12月单位工资调整，请按照表21-1计提各项经费以及"三险一金"
		——电联轴器甲	55 680.00		
		——电联轴器乙	69 600.00		
		——电联轴器丙	48 720.00		
	制造费用		7 990.00		
	管理费用		27 375.00		
	销售费用		14 580.00		
	应付职工薪酬	工资		223 945.00	

业务序号	总分类科目	明细分类科目	借方金额	贷方金额	备注
	生产成本	基本生产成本			
		——电联轴器甲	1 948.80		
		——电联轴器乙	2 436.00		
		——电联轴器丙	1 705.20		
	制造费用		279.65		
	管理费用		958.13		
	销售费用		510.30		
	应付职工薪酬	工会经费		4 478.90	
		教育费附加		3 359.18	
35	生产成本	基本生产成本			
		——电联轴器甲	15 035.28		
		——电联轴器乙	18 794.10		
		——电联轴器丙	13 155.87		
	制造费用		2 370.00		
	管理费用		8 887.50		
	销售费用		3 555.00		
	应付职工薪酬	医疗保险		15 645.00	
		养老保险		31 290.00	
		失业保险		2 346.75	
		住房公积金		12 516.00	
36	制造费用	折旧费	131 180.00		
	管理费用	折旧费	6 225.00		
	销售费用	折旧费	2 130.00		
	累计折旧			139 535.00	
37	管理费用	无形资产摊销	25 233.33		
	累计摊销			25 233.33	
38	生产成本	基本生产成本			
		——电联轴器甲	14 399.04		
		——电联轴器乙	17 998.80		
		——电联轴器丙	12 597.66		
	制造费用		555.50		
	管理费用		279.05		
	销售费用		166.65		
	应交税费	应交增值税（进项税额）	7 819.44		
	银行存款			53 816.14	
39	应付职工薪酬	福利费	32 400.00		
	应付账款	九江长海饭店		32 400.00	
	生产成本	基本生产成本			
		——电联轴器甲	7 290.00		
		——电联轴器乙	7 290.00		
		——电联轴器丙	7 290.00		
	制造费用		1 620.00		
	管理费用		6 480.00		
	销售费用		2 430.00		
	应付职工薪酬	福利费		32 400.00	

业务序号	总分类科目	明细分类科目	借方金额	贷方金额	备注
40	生产成本 　制造费用	基本生产成本 ——电联轴器甲 ——电联轴器乙 ——电联轴器丙	48 995.52 61 244.40 42 870.07	 153 109.99	
41	库存商品 　生产成本	电联轴器甲 电联轴器乙 电联轴器丙 基本生产成本 ——电联轴器甲 ——电联轴器乙 ——电联轴器丙	788 329.09 1 082 576.71 769 273.44	 788 329.09 1 082 576.71 769 273.44	
42	主营业务成本 　库存商品	电联轴器甲 电联轴器乙 电联轴器丙 电联轴器甲 电联轴器乙 电联轴器丙	1 309 464.00 1 662 876.00 1 370 100.00	 1 309 464.00 1 662 876.00 1 370 100.00	
43	营业税金及附加 　应交税费	 应交城市维护建设税 应交教育费附加	48 876.89	 30 548.06 18 328.83	
44	银行存款 　财务费用	 利息费用	20 081.25	 20 081.25	
45	应付利息 财务费用 　银行存款		126 000.00 63 000.00	 189 000.00	
46	资产减值损失 　坏账准备		600.00	 600.00	
47	资产减值损失 　存货跌价准备		17 600.00	 17 600.00	
48	资产减值损失 　固定资产减值准备		13 000.00	 13 000.00	
49	资产减值损失 　无形资产减值准备		2 800.00	 2 800.00	
50	销售费用 　预计负债	产品质量保证 产品质量保证	65 760.00	 65 760.00	
51	管理费用 　应交税费 管理费用 　库存现金	税金 应交房产税 应交车船税 应交土地使用税 税金	15 235.00 400.00	 14 800.00 185.00 250.00 400.00	

续表

业务序号	总分类科目	明细分类科目	借方金额	贷方金额	备注
52	应交税费 　　应交增值税	应交增值税（转出未交增值税） 未交增值税	550 951.16	 550 951.16	
53 ①	主营业务收入 其他业务收入 营业外收入 　　本年利润		35 388 000.00 132 800.00 556.00	 35 521 356.00	永久性差异与第23笔业务有关，暂时性差异与第46～50笔业务有关
②	本年利润 　　主营业务成本 　　其他业务成本 　　营业外支出 　　营业税金及附加 　　销售费用 　　管理费用 　　财务费用 　　资产减值损失 　　所得税费用		31 328 043.34	 27 591 468.80 124 500.00 4 328.68 218 051.66 415 058.23 1 009 324.45 794 617.75 34 000.00 1 136 693.77	
③	所得税费用 递延所得税资产 　　应交税费	 应交所得税	196 557.84 24 940.00	 221 497.84	
④	本年利润 　　所得税费用		196 557.84	 196 557.84	
⑤	本年利润 　　利润分配	 未分配利润	3 996 754.82	 3 996 754.82	
54 ①	利润分配 　　盈余公积 　　应付股利	提取法定盈余公积 提取任意盈余公积 应付股利 法定盈余公积 任意盈余公积 应付股利	399 675.48 199 837.74 1 199 026.45	 399 675.48 199 837.74 1 199 026.45	
②	利润分配 　　利润分配	未分配利润 提取法定盈余公积 提取任意盈余公积 应付股利	1 798 539.67	 399 675.48 199 837.74 1 199 026.45	

二、企业财务报表

资产负债表

会企01表

编制单位：九江市盟祥联轴器有限公司　　　　　2015年12月31日　　　　　单位：元

资产	期末余额	年初余额	负债和所有者权益	期末余额	年初余额
流动资产：			流动负债：		
货币资金	8 767 378.18	2 382 215.08	短期借款		1 000 000.00
以公允价值计量且其变动计入当期损益的金融资产			以公允价值计量且其变动计入当期损益的金融负债		
应收票据		1 359 100.00	应付票据	266 589.00	900 000.00
应收账款	285 803.80	1 445 650.00	应付账款	2 849 863.00	2 600 000.00
预付款项			预收款项		
应收利息			应付职工薪酬	148 825.83	62 212.50
应收股利			应交税费	1 147 200.64	479 165.08
其他应收款	3 000.00	3 000.00	应付利息		
存货	4 736 905.64	4 093 759.00	应付股利	1 199 026.45	
一年内到期的非流动资产			其他应付款	28 943.25	29 137.50
其他流动资产			一年内到期的非流动负债		
流动资产合计	13 793 087.62	9 283 724.08	其他流动负债		
非流动资产：			流动负债合计	5 640 448.17	5 070 515.08
可供出售金融资产			非流动负债：		
持有至到期投资			长期借款	9 000 000.00	9 000 000.00
长期应收款			应付债券		
长期股权投资	13 000 000.00	13 000 000.00	长期应付款	(11 000.00)	
投资性房地产			专项应付款		
固定资产	14 679 315.00	24 501 820.00	预计负债	65 760.00	
在建工程			递延所得税负债		
工程物资			其他非流动负债		
固定资产清理			非流动负债合计	9 054 760.00	9 000 000.00
生产性生物资产			负债合计	14 695 208.17	14 070 515.08
油气资产			所有者权益：		
无形资产	2 184 966.67	2 460 000.00	实收资本（或股本）	21 000 000.00	30 000 000.00
开发支出			资本公积	310 000.00	310 000.00
商誉			减：库存股		
长期待摊费用			盈余公积	1 109 513.22	510 000.00
递延所得税资产	24 940.00		未分配利润	6 567 587.90	4 355 029.00
其他非流动资产			所有者权益合计	28 987 101.12	35 175 029.00
非流动资产合计	29 889 221.67	39 961 820.00			
资产总计	43 682 309.29	49 245 544.08	负债和所有者权益总计	43 682 309.29	49 245 544.08

（月报）　　　　　　　　　　　　　　　　*利润表*　　　　　　　　　　　　　会企02表

编制单位：九江市盟祥联轴器有限公司　　　2015年12月　　　　　　　　　　　　单位：元

项目	本月数	本年累计数
一、营业收入	5 496 000.00	35 520 800.00
减：营业成本	4 357 440.00	27 715 968.80
营业税金及附加	44 076.09	218 051.66
销售费用	101 691.95	415 058.23
管理费用	115 634.01	1 009 324.45
财务费用	43 138.75	794 617.75
资产减值损失	34 000.00	34 000.00
加：公允价值变动收益（损失以"－"号填列）	—	—
投资收益（损失以"－"号填列）	—	—
其中：对联营企业和合营企业的投资收益	—	—
二、营业利润（损失以"－"号填列）	800 019.20	5 333 779.11
加：营业外收入	556.00	556.00
减：营业外支出	3 000.00	4 328.68
其中：非流动资产处置损失	—	—
三、利润总额（亏损总额以"－"号填列）	797 575.20	5 330 006.43
减：所得税费用	196 557.84	1 333 251.61
四、净利润（净损失以"－"号填列）	601 017.36	3 996 754.82
五、每股收益	—	—
（一）基本每股收益	—	—
（二）稀释每股收益	—	—

单位负责人：　　　　财务负责人：　　　　复核：　　　　制表：

（年报） **利润表** 会企02表

编制单位：九江市盟祥联轴器有限公司　　　　2015年　　　　　　　　　　单位：元

项目	本年累计数	上期金额
一、营业收入	35 520 800.00	3 042 782.40
减：营业成本	27 715 968.80	2 379 891.58
营业税金及附加	218 051.66	16 821.28
销售费用	415 058.23	20 889.95
管理费用	1 009 324.45	81 071.91
财务费用	794 617.75	42 138.78
资产减值损失	34 000.00	3 561.25
加：公允价值变动收益（损失以"-"号填列）	—	—
投资收益（损失以"-"号填列）	—	—
其中：对联营企业和合营企业的投资收益	—	—
二、营业利润（损失以"-"号填列）	5 333 779.11	498 407.65
加：营业外收入	556.00	—
减：营业外支出	4 328.68	—
其中：非流动资产处置损失	—	—
三、利润总额（亏损总额以"-"号填列）	5 330 006.43	498 407.65
减：所得税费用	1 333 251.61	124 601.91
四、净利润（净损失以"-"号填列）	3 996 754.82	373 805.74
五、每股收益	—	—
（一）基本每股收益	—	—
（二）稀释每股收益	—	—

单位负责人：　　　财务负责人：　　　复核：　　　制表：

参考文献

[1] 中国注册会计师协会.财务成本管理 ［M］. 北京：中国财政经济出版社，2015.

[2] 中国注册会计师协会.税法 ［M］. 北京：中国财政经济出版社，2015、

[3] 中国注册会计师协会.会计 ［M］. 北京：中国财政经济出版社，2015.

[4] 中华人民共和国财政部.企业会计准则 ［M］. 北京：中国财政经济出版社，2015.

[5] 刘雪清，范颖茜. 企业会计模拟实训教程（综合实训）［M］. 5版.大连：东北财经大学出版社，2013.

[6] 吕秀娥，迟丹凤. 会计分岗综合实训 ［M］. 杭州：浙江大学出版社，2013.

[7] 长沙青蓝软件有限公司.长沙青蓝软件系统 ［CP］. 长沙：长沙青蓝软件有限公司，2013.